U0112446

隋唐
世界帝国
的形成

[日] 谷川道雄 著

马云超 译

九州出版社
JIUZHOUPRESS

目录

序章　隋唐帝国与东亚

中日两个世界的相遇

　　7 世纪前期，正当日本大步迈向统一国家之际，中国大陆处于隋唐王朝的时代。无论圣德太子[1]的施政，还是大化改新[2]，都试图通过引进隋唐的文物和制度，从而实现日本的国家统一。必须承认，这一时期中日两个世界的关系极为密切，甚至更确切地说，如果没有中国文明，也就不会有日本统一国家的形成。因此，谈及日本古代国家的形成时，隋唐文化对日本的影响是

1　圣德太子（574—622）：本名厩户，用明天皇第二子，日本飞鸟时期著名政治家、思想家。推古天皇时担任摄政，与苏我马子共同执政，其间弘扬佛教文化，派出第一批遣隋使，制定"冠位十二阶"和"宪法十七条"，使日本向中央集权制国家迈出了第一步。——文中注释如无特别说明，皆为译者注。
2　大化改新：645 年 6 月，中大兄皇子与中臣镰足共同诛杀权臣苏我入鹿，拥立轻皇子继位为孝德天皇，次年起改元"大化"，开始了一系列旨在建立中央集权制国家的改革。这一事件是否真实存在，学界仍有争议。

无论如何不可回避的话题。不仅如此，在民族国家黎明期受到的强烈影响，对塑造今后的日本社会也起到了决定性的作用。

顺着这一思路，日本统一国家的形成与隋唐国家的建立几乎同时，其间的意义有必要进行更加深入的挖掘。在这两个世界"相遇"的背后，究竟隐藏着怎样的历史奥秘呢？

面对这一疑问，我们可以从中国世界的角度提出两个问题：第一，隋唐帝国的出现在中国史的发展中具有怎样的意义；第二，日本统一国家的形成对于中国世界而言又有怎样的历史意义。这两个问题的交汇点，就是能够发现"相遇"意义的地方。

内藤湖南的时代分期理论

在解答这一问题的过程中，内藤湖南 [1]（1866—1934）的时代分期理论极具启发性。他的《中国上古史》（《内藤湖南全集　第十卷》，筑摩书房）是大正十年（1921）前后在京都大学的讲义，书的开头就写道："余所谓东洋史者，乃中国文化发展之历史。"也就是说，湖南将东洋史的范畴设定为中国文化的发展史，其

1　内藤湖南：本名虎次郎，字炳卿，号湖南。日本东洋史学京都学派创始人之一，其研究领域博大，涉及中国上古、中古、近世史通论及文化史、史学史、美术史等。他提出的中国历史分期法、唐宋变革论、六朝贵族社会论等学说，至今对学界影响深远。

地理范围以帕米尔、青藏高原为中心向四方展开，除去印度、中亚、西伯利亚三处，剩下的地方就是所谓的东亚。湖南认为，这一区域的文化基本没有受到来自外部的影响，就如同一棵根深叶茂的大树，依靠自身的文化力量形成了一部有机而连续的历史。湖南将东洋史看作一部世界史，那么这部世界史又是在怎样的逻辑下发展演进的呢？

湖南认为，首先中国内部产生的文化具有朝着四周辐射的运动方向。其次，这一辐射促进了四方"蛮夷"的文化自觉，从而对中国内部发生反作用。这一作用与反作用不断较量的结果，就生成了文化层面上的时代特色。

具体而言，东洋史依据时代特色可以划分为"上古""中世""近世前期"和"近世后期"四个时期。所谓"上古"，是从文明开幕到东汉中期的时代，也就是中国文化形成并向周边辐射的时代。然而，这样的文化对外发展到东汉后期至西晋时期一度中断，这就意味着东洋史从"上古"向第二阶段"中世"过渡。"中世"是指五胡十六国到唐代中期，周边民族的势力波及中国内部，也就是反作用的时代。这一潮流的顶点，就是唐末五代的混乱期。关于第三、第四阶段的"近世前期"和"近世后期"，该书没有做任何的说明，不过从湖南的其他著述来看，那恐怕是前两个阶段中作用和反作用相互统合的时代。从周边民族来说，这是征服王朝的时代；从汉族的角度而言，则是复古主义和民族主义的时代。

对于湖南的上述时代分期理论，一直以来都受到很多批评，相关的评论在战后变得更加活跃，本书中只能省略了。不过，湖南的独特构想有其颇具启发性的地方，那就是将中国社会的历史发展，理解为以中国社会为中心的东亚世界史的发展。中国史不是孤立的汉族的历史，周边民族的发展也是其密不可分的组成部分。中国社会的内部发展必然波及周边民族的世界，而后者的民族发展也会对中国社会产生历史性的影响。

本书的课题

如果这样的观点可以成立，隋唐帝国就是中国历史上的第二个高峰期。中国历史在创造秦汉帝国这一最初的高峰后达到了极限，继而发生方向上的转变，其在第二阶段的发展方向上达到的顶点就是隋唐帝国。生成第二方向的重要契机，就是中国周边民族的勃兴，即第一阶段国家的形成。中国第二阶段统一国家的建立与周边世界第一阶段统一国家的形成，就这样被时代的线索紧密联系在了一起，这是当时历史的两个侧面。

这样看来，隋唐帝国和古代日本的"相遇"绝非偶然。正文中将会提到，隋唐帝国形成的第一步是在公元3世纪迈出的，那正是日本出现最初的古代国家形态——邪马台国的时代。7世纪后期，唐朝、奈良朝日本、统一新罗三足鼎立，真正可以称作东亚世界的历史世界就是在此刻形成的。

这是所谓隋唐世界帝国中的重要一环，那么将这些国家联系在一起的历史线索究竟是什么呢？本书的课题正在此处，只不过是在中国史的框架内加以考察。中国社会曾因秦汉帝国的解体而面临分崩离析的命运，随后又以隋唐帝国的形式重新得以统一，是什么样的原理引导了这一系列的进程？阐明这一问题，将成为思考东亚世界形成意义的重要线索。

第一章 古代世界的解体

一 汉朝世界帝国的破裂

东汉的和平

著名的《汉书》作者班固（32—92）曾在其长篇诗赋《两都赋》中，将长安和洛阳两大都市进行了比较，这其实不在乎是在对比分别以长安和洛阳作为都城的西汉和东汉王朝。其中的一节写道："（赞美长安者）识函谷之可关，而不知王者之无外也。"[1] 意思是说，西汉的都城长安是由函谷关等关隘拱卫的要地，但今天的东汉王朝已经没有这样的必要了，正所谓"王者无外"，如今东汉天子的威名已经传播到世界的每个角落。

身为东汉人的班固自然偏爱洛阳政权，但东汉周边不存在威胁其存亡的外敌，这也是不争的事实。西汉前期曾令国家焦

1　语出《后汉书·卷四十下》。

头烂额的匈奴势力，如下文所说，当时也分裂成南北两支，其中一半已经归顺了汉朝。北匈奴虽未投降汉朝，但在公元 89 年大败于汉朝与南匈奴的联军，数十万匈奴人归附汉朝。

从甘肃到新疆的西域线路完全被汉朝掌握，班固的弟弟班超（32—102）被任命为西域都护也正在那个时候。班超的西域经营极为成功，他还放眼帕米尔以西，于公元 97 年派出部下甘英，试图与大秦国建立邦交。

关于大秦国的所指，至今还没有定论，但如果按照通说的罗马帝国的话，甘英出发那年正是坐拥罗马帝国最大版图的图拉真皇帝（98—117 年在位）即位的前一年。尽管我们翘首期盼着中国世界与鼎盛的罗马世界直接交谈的历史性瞬间，但甘英经过安息国（帕提亚），来到被推测为叙利亚的条支国之后，却因大海（可能是地中海）的阻隔而空手返回了。

无论如何，公元 1 世纪末正值所谓的"罗马和平"时期，此时的中国也出现了堪称"东汉和平"的盛世。当时的皇帝刘肇后来被追谥为和帝（88—105 年在位），这恐怕并不是偶然的。

羌族的叛乱

然而，进入 2 世纪后，汉王朝荣光不复，江河日下。首先给帝国的前景蒙上阴影的，就是安帝（106—125 年在位）永初元年（107）开始的羌族大规模叛乱。归附汉朝的羌族散居在金城（甘肃）、陇西（甘肃）、汉阳（甘肃）诸郡，他们在被征发兵役前往西域的途中，行至酒泉（甘肃）一带，出现了大量的逃亡。当地各郡动员军队阻止逃亡时，出现了打砸帐篷式住所的暴行，于是，羌族各部联合起来奋起反抗了。

没有武器的羌人手持竹竿或树枝，用碎木板代替盾牌，还有人将铜镜对着阳光伪装成兵器。尽管装备极为落后，他们却让汉军的官兵屡尝败绩。朝廷慌忙下诏赦免羌族的罪名，但反抗的火焰一旦燃起就无法扑灭了。

羌族趁势从甘肃攻入陕西、四川等地，威胁故都长安。战局逐年对汉朝不利，到永初五年（111），叛乱势力已经越过河东郡（山西），渗透到了河内（河南）一带。所谓河内，是指隔着黄河与首都洛阳相对的地区。汉朝大为惊慌，在太行山脉的各地设立了六百十六处城寨（"邬候"），试图阻止羌族的东进。

叛乱被完全镇压是在元初四年（117），此时距离叛乱爆发已经过去了十一年。据说，因此消耗的军费高达二百四十亿钱，中央政府财政见底。全国因战乱出现了死者数量攀升的情况，而遭受破坏最严重的就是叛乱的主战场并州（山西）和凉州（甘肃、陕西）。

如前所说，此次事件的直接原因是汉朝对羌族的残酷兵役，但之所以酿成如此大规模的叛乱，其间必定隐藏着许多问题。

实际上，《后汉书·西羌传》中就提到了这样的情形："时诸降羌，布在郡县，皆为吏人豪右所徭役，积以愁怨。"可以想见，出兵西域只是矛盾爆发的导火索。

早在东汉初年，班固兄弟的父亲班彪（3—54）就曾在上书中言道："现在凉州境内各郡县都住着归降的羌族，他们身为夷狄却与汉人杂居。由于习俗各异，语言不通，他们深受小吏和恶人的压迫，内心愤愤不平，这才是引发叛乱的原因。蛮夷发动叛乱，其实都是这样的原因。"[1]为此，班彪提议设立护羌校尉来监督和保护羌族，朝廷也采纳了他的意见。在班彪的发言中，羌族作为"少数民族"的窘境表现得淋漓尽致。不难理解，2世纪初期的那场大规模叛乱正是他们对汉族的长年积怨在忍无可忍后终于爆发的结果。

成为"少数民族"的道路

不过，为何羌族要遭受如此悲惨的命运呢？这里有必要先回顾汉朝与匈奴的历史关系。在汉武帝（刘彻，前141—前87

1　此处语出《后汉书·西羌传》，原文为："今凉州部皆有降羌，羌胡被发左衽，而与汉人杂处，习俗既异，言语不通，数为小吏黠人所见侵夺，穷恚无聊，故致反叛。夫蛮夷寇乱，皆为此也。"本书作者在引用古籍时，有时直接训读原文，有时经过自由翻译。为尊重原著，翻译中对于前者则直接翻译为文言文，对于后者则翻译为现代汉语，并在注释中给出文言文和出处。以下不再一一说明。

年在位）的讨伐政策下，秦朝以来称雄塞外的匈奴与汉朝的力量关系发生了逆转，最终走向衰败，这一点在伊藤道治[1]的《中国社会的形成》（讲谈社）中也有论述。并且正如上文所说，经过东汉初期南北匈奴的分裂和南匈奴的归顺，这一趋势已经无可动摇。东汉扼守着河西走廊，进而掌控了新疆地区的西域各国，这正是匈奴衰落带来的结果，同时也左右着羌族的命运。

羌族原本处在匈奴的影响之下，如今则失去了后援，特别是汉朝扼守河西走廊，羌族与匈奴等塞外各族的联系被彻底切断。汉朝利用这一局面讨伐羌族，在公元2世纪初期使之彻底屈服。

在反复的讨伐战争中，汉朝将俘虏的羌族强制内迁到渭水上游地区，目的就是永绝后患。羌族虽然保留着原有的部落生活，但移居的地点却是汉族自古以来生活的地区。换言之，正像班彪等人所说的那样，羌族是被迫与汉族杂居的。

经营部落生活的羌族散居在以汉族为主的汉地上，不难推测，发展程度较低的他们很容易受到各种各样的歧视和压迫。汉族的一些官民，常常利用习俗和语言上的差异，对羌族进行驱使和掠夺。

1　伊藤道治（1925—2017）：日本考古学家，神户大学名誉教授，代表作有《古代商王朝之谜》等。

汉朝世界帝国的矛盾

正如班彪所说，"夫蛮夷寇乱，皆为此也"，饱尝"蛮夷"悲惨命运的不单只是羌族。与羌族同为藏系的氐族自汉武帝时期遭到讨伐以来，也面临着同样的命运。武帝新设武都郡（甘肃）作为统治氐族的基地，从那以后，被强制内迁到渭水流域至四川地区的氐族部落与日俱增。这样的趋势到魏晋时期愈演愈烈，魏国和蜀国争相怀柔勇猛的氐人，特别是魏国进一步将其从武都内迁到关中（渭水盆地）一带。正如后文将会提到的西晋江统（？—310）在《徙戎论》中所说："关中百万余人口中，戎狄居其半。"[1] 这里的"戎狄"可能主要就是氐族和羌族。

正当氐羌两族被迫从西方或西北方迁往内地时，南匈奴各部落沿内蒙古地区南下黄河，其主力定居在山西汾水流域。他们已经失去了塞外民族的独立性，处于中央派来的使匈奴中郎将的监视之下，也是汉朝统治之下的"少数民族"。

此外，东北地区的各族也是如此。高句丽族的一部被魏将毌丘俭（？—255）俘虏后迁居至荥阳（河南），进入西晋后继续保留着部落的生活。

总之，在汉朝的军事压力下，周边的塞外民族背井离乡，

1　语出《晋书·江统传》，原文为："关中之人，百余万口，率其少多，戎狄居半。"

被迫在中国内地经营部落生活，这样的例子不胜枚举。所谓汉朝的对外扩张，就是将原本异质的民族都包含进它的体内。因此，汉帝国不再是单一的汉族世界，而是演变为包含游牧系民族，即"少数民族"在内的多民族的国家。毋庸赘言，这就是汉王朝世界帝国的形成。

如果说罗马帝国的普世性象征是其万民法，那么东汉帝国的普世性就表现为以中国皇帝为顶点的德化政治。但是，理念与现实之间存在巨大的差距。从上文羌族的例子可以看到，汉族与胡族的民族区别带来了前者对后者的压迫和掠夺。当然，长年累月的杂居状态可能带来习俗和言语上的融合，比如三国时期的氐族多数能够使用汉语。但即便如此，氐族在部落内部依然使用氐语，这就是"少数民族"特有的双语生活。胡族被汉族同化的现象，归根到底还是反映了胡族的弱势立场。

在多民族的世界中，当特定民族保持绝对的优势时，这个世界就会不断孕育政治危机。东汉盛世也在不断增强破裂的必然性，羌族的叛乱就是先兆。尽管东汉王朝瓦解的直接原因是汉族社会内部的争斗，但雪上加霜的还是民族矛盾的爆发。关于这一点，我们需要另起一节进行考察，但可以确定的是，汉朝崩溃后，看似将由魏晋两朝实现的中国重新统一的梦想，最终因民族矛盾的爆发而被打得七零八落。

这股破坏的力量着实惊人，在 6 世纪末隋朝成功实现统一前的三百年中，中国社会陷入了极度分裂的状态。而分裂的因素，其实早已蕴含在汉朝世界帝国的构造之中。

正当西晋讨伐氐族叛乱，俘虏其首领齐万年时，汉人官吏江统创作了《徙戎论》，提议将匈奴、氐、高句丽等"少数民族"全部迁回塞外。不仅是江统，曹魏的邓艾、西晋的郭钦都发出过类似的警告，可见当时的有识之士都预感到了末日的来临。这样的末日是汉帝国的末日，它不只意味着王朝的覆灭，还正如内藤湖南所设想的那样，自文明开幕以来处于上升阶段的中国文化的对外发展趋势，在此遭遇了决定性的挫折。中国的历史，也将踏入一个新的循环。

二　东汉政权的腐朽

王符的政治批判

2 世纪中期的思想家王符著有《潜夫论》十卷，书中对当时的政治进行了猛烈的批判。王符不屑于通过不正当手段谋求荣华富贵，最终都没有踏入仕途。《潜夫论》是一部激愤之作，顾名思义表达了不慕虚名的一介隐士的主张。

王符的家乡在安定郡（甘肃），正是羌族叛乱最猖獗的地方。或许正因为如此，王符也将他的愤怒投向了羌族问题，关于这一问题的记述在全书三十六篇中占有《救边》《边议》和《实边》三篇之多。

王符认为，最大的问题在于东汉官僚对待叛乱的态度。当羌族疯狂入侵甘肃、陕西等地边境时，当地的郡太守和县令都无意为保卫国土而与之正面作战，反而是争相把郡县的治所（所在地）迁往安全的内地，由此来躲避战乱。王符说，对于不是当地出身的地方行政官僚而言，比起国家的土地，自己的性命才更加值得珍惜。

不仅如此，他们还强迫治下的民众一同迁徙，因为民众是地方官衙的财政来源。为了达到目的，他们不惜采用破坏作物、毁弃民房的暴行。如果遇上旱灾或是蝗灾，苦恼的民众一旦遭受这样的政策，就只能到各地流浪了。老弱病残或是被抛弃在路旁，或是被卖作奴婢。

对国家和民众的危机不闻不问的不仅是地方官，还有间接遭受战乱的中央官僚。他们罔顾民众的疾苦，提出"当且放纵，以待天时"的政策，甚至连大臣们都说："凉州只好放弃，只求保住三辅（长安附近）作为第一线。"如此说来，失去了三辅还有弘农（河南省西部的要地）作第一线，失去了弘农还有首都洛阳作第一线。按照这样的逻辑，即便退到东海边，不都还有第一线存在吗？

王符用嘲弄的语言辛辣地讽刺当时的官僚。"今公卿苟以己不被伤，故竞割国家之地以与敌，杀主上之民以喂羌。为谋若此，未可谓知；为臣若此，未可谓忠。"（《边议》）这些官员既无才能又无忠义，简直就是在浪费粮食！

在王符看来，所谓政治必须与民众同祸福、共苦乐，"视民如赤子，救祸如引手烂（将烧伤的手从火中取出）"。（《救边》）今天的当政者却与之相反，一味只顾自己的利益。

外戚政权

在王符看来，当时官僚的所作所为正是所谓的私心，身居公职却丝毫没有对国家和人民的责任感。这样看来，东汉帝国瓦解的根本原因不在于异民族的入侵，而在于东汉政权的内部。正是政权内部的腐败，使得"少数民族"问题得不到正确的应对，将国家推向了衰败的绝境。

公元2世纪以后的东汉王朝已经被明确预言了今后的命运，那么此时的王朝又面临着哪些政治上的情况呢？

元兴元年（105），二十七岁的和帝驾崩。邓皇后拥立出生仅百余日的皇子刘隆即位，是为殇帝（105—106年在位）。毋庸赘言，政治的实权掌握在皇太后和邓氏一族的手中。然而，殇帝在翌年八月夭折，邓太后又与兄长邓骘、邓悝谋划，迎立了和帝的侄子刘祜（安帝）。新帝即位时年仅十三岁，邓太后继续临朝左右政治，邓氏一门纷纷占据着高官显爵。

安帝即位当年，羌族开始掀起叛乱，十年后叛乱终于扑灭，但邓太后依然掌握着权柄。王符厉声痛斥的东汉腐败政治，正是在邓氏的执政下进行的。

西汉以来，外戚干预朝政绝非罕见。西汉时就有围绕吕氏、霍氏、王氏的事件，连王莽（8—23 年在位）篡位都是王氏专权的结果。进入东汉后，皇帝鉴于前代之弊开始警惕外戚干政。在光武帝（刘秀，25—57 年在位）、明帝（刘庄，58—75 年在位）两代，外戚也相对自律，尽管各类不法的勾当从未绝迹。

从第三代章帝（刘炟，75—88 年在位）开始，外戚专权的倾向就开始显著起来。不仅皇后窦氏在章帝、和帝两朝掌控政治，和帝的生母梁氏、上文提到的邓氏、第六代安帝的皇后阎氏、第十二代灵帝（刘宏，167—189 年在位）的皇后何氏，先后联合本族势力干预朝廷政治，一直持续到东汉末年。

这里存在一个固定的模式，正如上文邓氏的例子那样，先帝的皇后拥立幼年皇子即位，自己则作为皇太后监护皇帝。但是，对于皇帝这一公权力而言，幼帝与母后的血亲关系不过是私人关系而已。因此，不得已将政治的实权委托给了外戚，这其实是国家权力私权化的第一步。

外戚专权的动向从公元 1 世纪后期开始显著，这其实反映出东汉政权整体朝着私权化方向发展的趋势。关于其间的详情，川胜义雄[1] 做了如下的勾画（《魏晋南北朝》，讲谈社）。

东汉时期的外戚基本都是建国功臣的后代，也就是追随光武帝刘秀为复兴汉室出过力的家族，但这些家族大部分都是当时的豪族，就连东汉皇室本身也是因开发南阳（河南）而显达的豪族。因此，皇室与功臣外戚的通婚，实际上就是豪族之间的联姻。

如此，与皇室通婚的特定豪族就成了掌权的外戚，他们把持着政府中的重要职位，在官僚组织中塞入自己的同党，借以左右政权。不仅如此，他们还通过受贿等不法途径积蓄财富，即便杀人犯法也都不会被问罪。

不过，这样的横行绝不仅限于外戚一族。根据川胜氏的研究，当时的乡村社会整体面临着豪族抬头的趋势，乡村共同体逐渐沦为由特定家族统治的场所。

这些豪族当时被称为"上家"，他们积聚着巨亿的财富，拥

---

[1] 川胜义雄（1922—1984）：日本著名东洋史学者，京都大学教授，专攻六朝时期的中国史和思想史。继承京都学派的时代分期理论，将六朝贵族制溯源到东汉后期的清流运动，与谷川道雄共同主张"豪族共同体"理论。

有广阔的住宅和田地。他们还利用这些财富贿赂中央和地方政治，或是私养剑客迫害民众，杀害无辜之人也不会被判处死刑。贫穷的"下户"战战兢兢，只能被当作奴隶驱使。这种民间豪富的不法行为，与上文所说的外戚行径如出一辙。换言之，外戚的骄横其实是地方社会中民间豪族的行为扩大到了全国性的规模。

此外，民间豪族和外戚势力还相互勾结。民间豪族的不法行为之所以不会被问罪，是因为郡县的长官都是外戚的同党，他们间通过收受贿赂结成了联盟。

如此看来，当时外戚势力的抬头，其实是豪族阶层在农村统治的发展——川胜氏称之为"豪族的领主化倾向"——在政治上层的反映。另一方面，外戚政治的发展也加速了地方豪族的壮大。

礼教世界

那么，这种中央和地方都在不断深化的社会整体私权化的现象，又有着怎样的历史意义呢？

序章中介绍了内藤湖南的《中国上古史》，其中关于西汉和东汉的区别这样写道：西汉高祖是缺乏学问教养的游侠型英雄，东汉的光武帝则是钻研儒学的谨慎人物，这样的区别在他们各自的功臣中也有反映，西汉的功臣都是凭借实力活过战国以来的乱世的，多少带有一些无赖的气质，而东汉的功臣都是有学问的严谨之人。

湖南的这段比较涉及西汉和东汉的政权性质差异。简而言之，西汉王朝发轫于朴素而粗犷的时代风气，因此政治权力带有浓厚的法家专制色彩。中央皇帝权力与地方乡里社会的关系，也表现为前者凭借力量统治后者。

但是，这并不是十分成熟的国家形态。只有把地方乡村社会也纳入权力之中，中央和地方、政府与民间实现一体化时，国家的建设才真正得以完备。事实上，汉代史就是沿着这一方向前进，并且在东汉时期得以完成的。这一过程中，在理念上发挥巨大作用的就是日益振兴的儒学。儒学以家庭道德作为根本，最适合当时以家庭生活作为基本单位的社会关系。换言之，政府以儒学作为杠杆，试图从内部掌握地方的乡里社会。

西汉武帝在董仲舒（前 176 ？—前 104 ？[1]）的建议下设立了五经博士和太学，这是划时代的一步。董仲舒的弟子（学生）最初只有五十个名额，后来增加为一百人、二百人，到西汉末年的成帝（刘骜，前 33—前 7 年在位）时已经达到了一千

1　这里的问号表示作者对此存有疑问，后文还有多处这样的用法，不再一一说明。

人。进入东汉后，规模进一步扩大，质帝（刘缵，145—146 年在位）时游学太学者超过三万人之多。太学的建筑也变成了拥有二百四十房、一千八百五十室的宏伟建筑，专供高官子弟在此接受教育，完成学业后根据成绩授予官职。换言之，太学既是教育机关，同时也是一座官吏培养所。

这样的教育机关在地方上也得到普及，儒学成为官吏的必要修养，官学之外还设有私塾。这样的趋势从西汉就已出现，但进入东汉后更加显著。曾在都城太学钻研学问的著名学者，回乡之后纷纷开设私塾，门下聚集着成百上千的学生。

儒学在地方上的普及，《汉书·儒林传》的赞语里称之为"禄利之路"，中央政权以地方上的知识阶层和儒家道德者作为媒介，与地方乡里社会紧密地联系在了一起。这种结合在制度层面上的表现，就是贡举制度。

贡举制度是武帝时代新设的，契机仍是董仲舒的建议。郡太守等地方官员基于各种德目，将辖下的优秀人物推荐给中央政府，推荐的依据则是地方乡里社会的评价（称为乡评、乡议等），因此也叫作乡举里选。贡举制度逐渐成为定制，东汉初年以来最受重视的是孝廉科，此科推崇孝行和廉洁，带有浓厚的儒家道德色彩，据说是因为光武帝的支持而最为荣耀。总之，地域社会中平日受到尊敬的德行人物被遴选为中央官吏的候补，中央政府借此不仅将人物本身，也将整个出身地域一起纳入了权力之中。

如此一来，中央与地方、政府与民间，不再是以武力和法律，而是通过道德的力量从内部联系在了一起。正是这两个世界的一体化，推动了汉王朝的正当化，使同时代人将之信奉为永恒的国家。普天之下都沐浴在以儒学为中心的高度文明之中，这就是所谓礼教世界的诞生。

危机的构造

但是，如此完备的国家真的能够成为永恒的帝国吗？尽管连接地方领导者和中央政界的通道已经打开，但其节点通常是由豪族阶层把持的。汉代经济和文化的发展，促进了乡里社会的阶级分化，形成了聚集土地等财产而全族繁荣的豪族阶层。他们不仅役使奴婢、佃户等隶属的民众，还在整个乡里社会具有很强的影响力，甚至是执其牛耳。

如此一来，原本具有强烈共同体色彩的乡里社会，演变成了特定家族统治的场所，这就是乡里社会的私权化。当汉帝国试图将地方乡里社会纳入自身时，通过各种途径进入政界的正是这些豪族阶层。因此，汉帝国的完备过程，简而言之，就是从中央和地方政界到民众生存的乡里社会不断私权化的过程。

首先，汉帝国的成立本身就带有豪族联合政权的性质。如上文所说，外戚政治是其理所当然的结果。外戚政治又进一步促成豪族阶层与政界的结合，但这绝不是通过光明正大的途径，收受贿赂和人脉请托才是常见的手段。

作为公权力的国家发生了质变。不仅如此，乡里社会的蜕变和瓦解，使国家丧失了原有的基础。正如汉王朝从成为世界帝国的瞬间开始就包含着深刻的民族矛盾一样，当它试图把汉族社会的深层纳入自身时，国家就已经变成了私权的世界，进而走上了解体的道路。

当一个文明世界实现高度繁荣时，这个统一世界就已经出现深刻的裂痕，社会面临着分裂为无数私权的危机。这样的危机要如何克服呢？我们必须首先对 2 世纪后期的政治情况加以考察。

三　从政治斗争到内乱

宦官政府

在此，我想重新回到外戚问题上来。如上一节所说，外戚之所以能够掌控政权，是利用了辅佐幼帝的身份。为此，他们必须不断出谋划策，持续地拥戴幼帝。但是，拥立的皇帝一旦成年，外戚与皇帝之间就会产生某种隔阂。成年的皇帝自然会想要亲政，不愿意完全被外戚所摆布。

于是，皇帝就想要除去外戚势力，但政府官僚对于皇帝而言是很疏远的存在，最值得皇帝信任的还是照顾自己起居的宫中宦官。最早通过宦官力量剪除外戚的皇帝是和帝，他与郑众等宦官谋划，诛杀了外戚窦氏的领袖窦宪。这可以说是宦官弄权的开始，但对宦官专擅朝政起到决定性作用的，则是桓帝（刘志，146—167 年在位）于延熹二年（159）与五名宦官合谋诛杀外戚梁冀，这五名宦官因功被授予县侯的爵位，并称"五侯"。从那时起，宦官势力取代了外戚势力。

然而，权势宦官的残暴绝不逊于外戚。比如宦官侯览霸占民宅三百八十一所、田地一百八十顷（大约五百四十公顷），同时还经营着十六处宅邸，每处都有高楼和园林，规模之宏大可以与天子的宫殿媲美。侯览从身前就开始营造墓地，高和宽各达百尺（约二十三米）。不仅如此，侯览还毁人家产，盗人坟茔，抢夺他人的妻女，干尽了伤天害理之事。

这只是宦官暴行的冰山一角，他们的子弟、亲戚和同伙都对民众横征暴敛，危害不断地扩大。就连地方官在乡举里选推荐孝廉时，也不得不仰仗他们的鼻息。河南尹田歆可以推荐六名孝廉，由于接到大量来自宦官的请托，又无法全部拒绝，想着至少要给国家推荐一名优秀的人才，于是就举荐了种暠。清代史学家赵翼（1727—1814）曾援引此例指出："六名孝廉中只有一名人才就可以传为美谈，可见当时登用做官的人都是宦官的同伙。"[1]（《廿二史札记》卷五）

如上所说，外戚的危害绝不限于他们的专横，更在于勾结地方豪族，通过中央到地方的人脉，将全国政治弄得污浊不堪。宦官政治有着完全相同的构造，甚至可以说比外戚时期引发了更加严重的国家权力私权化。

清流运动

桓帝和灵帝时期，也就是公元 2 世纪后期，这样的趋势达到了顶点。有一群人将此现状比作滔滔的"浊流"，同时以"清流"自任，不屑于向浊流势力低头，我把他们称作清流士大夫。他们大多是外朝（对外的政府机关，区别于照顾皇帝私生活的内朝）的官僚，或是以仕途为目标的知识分子。他们中间出身豪族者也有不少，但或是被排斥在主流政治之外，或是基于儒家士大夫的信念，拒绝加入国家政权的私权化。

面对国家被宦官势力日益侵蚀，他们无法袖手旁观，每逢

---

1 原文为："六孝廉只用一真才，已为美谈，则入仕者皆奄党可知也。"

有事就向皇帝仗义执言，虽然多数的情况都是失败的。安帝朝的名臣杨震（？—124）曾多次上疏批判宦官，但都没有被采纳，最终解除了太尉之职，归乡后饮毒自尽。这是比较早的事例，此后顺帝（刘保，125—144年在位）朝的李固、桓帝朝的李云，都是因为弹劾宦官专权而入狱至死。

桓帝延熹八年（165），太尉杨秉揭发宦官侯览的兄长益州刺史侯参贪污，侯参在被押解回京的途中自杀。杨秉抓住这一机会，上奏请求将侯览免官送返乡里，桓帝也最终罢免了侯览的官职。得势的政府官员纷纷起来告发宦官，或是逼其自尽，或是削去他们的爵位。河南尹李膺揭发北海郡太守羊元群贪污，羊元群贿赂宦官，结果李膺反被问罪。廷尉冯绲、大司农刘祐等都有同样的遭遇。太尉陈蕃上奏力主三人无罪，终于成功解除了三人的罪名。

就这样，政府高官对宦官发起了果断的进攻，他们在士大夫间的名声也日益高涨。上文的李膺虽身处浑浊的政界，却能够不屈不挠贯彻志向，在名士间享有崇高的声誉。人们争相希望得到他的知遇，能够面见李膺就是极大的荣誉，时人将之称为"登龙门"。

帮助李膺脱罪的陈蕃也是当时颇有名声的士大夫之一。这些评价和赞扬清流士大夫的人，也是同样具有教养的士大夫阶层。当时的首都云集着担忧时世的志士，他们的活动中心就是太学。太学生号称三万余人，其中就有郭泰、符融等名士性质的人物，他们的居室里总是挤满了追随者。

士大夫们群情激愤地抨击着当时的政治，同时又极力赞美不向浊流折节的人物。当时的太学里流行这样一句话："天下楷模李元礼，不畏强御陈仲举，天下俊秀王书茂。"元礼和仲举分别是李膺和陈蕃的字，王叔茂是指王畅，他也是清流士大夫的一员。

第一次党锢

随着对宦官独裁的批判日益激昂，赞扬名节的呼声也越来越高，清流士人如同沉醉在自己创作的华美言辞的狂欢之中。

延熹九年（166），宦官集团首先向李膺等人发难。其理由是，李膺等人与太学和地方学生勾结成伙，他们诽谤朝廷，惑乱世间。桓帝盛怒，下令逮捕李膺等人。陈蕃力主这些人都是天下的名士、忧国的忠臣，不能因为不明不白的罪名而逮捕，于是拒绝在诏书上签字。桓帝愈加愤怒，将李膺等人投入狱中，并悬赏缉拿了与之有关的二百余人。

正如陈蕃所说，当时被捕的人都是天下的名士，甚至可以说，收到逮捕令本身就是名士的象征。度辽将军皇甫规甚至因自己没有受李膺连坐而感到羞耻，专程上书朝廷表明自己也是党人。第二年，由于陈蕃被免官，朝廷内无人再为党人辩护，但被捕的党人面对审讯依然不屈不挠。最终，宦官发布大赦令，命令二百余党人全部返乡，处以终身禁锢（禁止任官）。其中一人范滂在回到故乡汝南（河南）时，前来迎接的马车就达到了几千辆。

这就是所谓的第一次党锢事件。那么，越受弹压却越是慷慨激昂的清流氛围究竟源自何处呢？

抵抗的思想依据

清流士大夫攻击宦官政治的首要依据在于，侍奉皇帝私生活的去势男子（即宦官）不应置喙天下的政治，国政本应由皇帝在士大夫的辅佐下亲政。所谓士大夫，就是拥有学问素养，每日修炼德行，可以作为民众师表的人物，只有士大夫才有资格参与政治，这是孔子以来儒家的基本原则。汉帝国正是基于这一原则铺开学制，设立了乡举里选的制度，可以说，汉帝国就是践行儒家政治理念的地上王国。

在清流士大夫的政治观点看来，宦官独裁的现状是无法容忍的邪道。被排斥在国政之外的士大夫都相信，自己才是真正应当肩负国家政治的人物。这样的自负产生了士大夫相互间品评人物的风潮，刚才介绍的"天下楷模李元礼"就是其中一例，还有给当时的名士进行排名，比如三君、八俊、八顾、八及、八厨等等。"君"是一个时代堪称领袖的人物，"俊"是超凡出众的人物，"顾"是以德行引导众人的人物，"及"也是被视为领袖的人物，"厨"是散财救济天下的人物。

虽然具体语境各有不同，但都是反映了社会领袖的品质。只有拥有这些品质，才是辅佐天子治理天下的人物；只有在他们的带领下，政治才会公正无私。当时人物品评的基础，就是这样的政治观念。

但是，无论他们的政治观点如何正确，都不可能就此改变政治的现状。来势汹汹的私权化潮流吞没了士大夫们的理想，渗透到社会的各个角落。汉帝国的政治机构已经沦为追求私利的工具，士大夫式的政治道德没有了容身之地。士大夫被完全排斥在国家之外，站在这样的位置上，他们越是批判时政，政治姿态就越带有理想主义的倾向，有时甚至是伪善的。他们间的相互结交和华丽议论被批判为"浮华交会"，也绝不是没有理由的。

最终，国家和士大夫已经分道扬镳。如上所说，清流士大夫——无论在朝或在野——对天下人士的自主评论，其实是试图在政界之外构筑一个属于自己的世界。换言之，他们正在不断脱出汉帝国的框架。

不过，清流士大夫们是否意识到了自己的这一立场则值得怀疑。毋宁说，他们并没有这样的自觉，正当他们依然把希望寄托于汉帝国的时候，第二次党锢事件爆发了。

第二次党锢

永康元年（167）末，桓帝驾崩，窦武计划从皇室中挑选贤明的皇子立为下一任皇帝。窦武是桓帝皇后窦氏的父亲，作为外戚掌握着权势，他所拥立的就是年仅十二岁的灵帝。

对于以窦武为领袖的清流集团来说，眼下正是一个良机。窦武与陈蕃联合，将李膺等昔日的同道引入朝廷执政。天下士大夫都欢欣鼓舞，以为光明的时代就要到来了。窦武等人制定了诛杀宦官的计划，但这需要得到灵帝的监护人窦太后的许可，而窦太后的近侍与宦官集团相互勾结，致使太后迟迟不予许可。正当窦武等人决定单独行动时，宦官集团却抢得了先机。窦武被迫自杀，陈蕃入狱后被杀，太后遭到幽禁，他们的亲属多数被害。此外，窦武推荐的人物也都受到了免官禁锢的处分。

事情还没有结束。有人对清流派之一的张俭怀有宿怨，于是告发张俭等人意图颠覆国家。以此为契机，宦官集团开始了对全体清流派的追查。李膺拒绝了逃亡的建议，自首后遇害。范滂家乡的县令愿意与他一起逃命，但范滂把母亲托付给弟弟后自行赴死。这样被杀害的清流派达到百余人，他们的妻子被流放到了边境。不仅如此，对宦官稍有怨言的人都会被视作清流党而判处死刑、流放、禁锢等罪名，这样的人数达到六七百人。

最令人痛心的是张俭的事情。张俭逃往各处都能得到人们的庇护，因此很多人被判处了窝藏犯人的重罪。张俭投靠朋友孔褒，孔褒不在，十六岁的弟弟孔融把张俭藏了起来。事情败露后，孔褒和孔融在公堂上争相承担罪责，孔褒的母亲也以"家长之罪"为名保护他们，最后还是在皇帝的裁决下处罚了孔褒。尽管这些都称得上美谈，但张俭的逃亡让人们付出了太大的牺牲。

绝望的蔓延

夏馥听说张俭亡命的事情后说道："因为自己惹下的祸，却让善良的人承担无辜的罪责。如果一个人为了自己免死就要祸及万家，这个人怎么活得下去呢？"[1]于是躲进山中，乔装成了冶铁屋的工人。由于形容落魄，谁都没有认出他就是夏馥。袁闳也为躲避党祸而煞费苦心，他原本打算逃入深山，却又无法

---

1 语出《后汉书·党锢列传·夏馥传》，原文为："孽自己作，空污良善，一人逃死，祸及万家，何以生为！"

抛下老母，于是在后院建造了没有出口的小屋，自己藏身其中，通过小窗送入食物，在小屋里生活了十八年之久。

还有一个例子，当时太学里盛行批判时政，太学生之一的申屠蟠洞察到这一氛围的危险性。战国时也曾盛行处士横议，结果遭来焚书坑儒之祸，当今之际也不会例外。于是他在地方上销声匿迹，在树上搭起小屋，把自己打扮成劳动者。两年后党锢事件爆发，申屠蟠得以逃过此次灾祸。

这些人的行为与一般的清流士大夫有很大的不同。典型的清流士大夫都是气节之士，他们坚持正确的事，果断弹劾不正当的行为，即便因此受难也在所不惜。还有与气节之士同心同德的人，他们甚至期望成为清流士大夫的同党。但是，主张的正确性和如何表达本来就是不同的问题，正像夏馥评论张俭逃亡所说的那样，人们已经为支持张俭付出了太大的牺牲。究其源头，以太学为中心的反宦官运动的华丽狂欢，是否也加剧了镇压的惨烈程度呢？前后两次的镇压，将清流运动推到了无法重建的地步。

这场清流运动多少存在错判形势、自我陶醉的一面，而产生自我陶醉的基础就是自身的正义感，也就是只有士大夫才有资格成为政治担当者的意识。这样的意识绝非没有根据，汉帝国官员任用法的原则就在这里。也就是说，清流士大夫的正当性意识正是以汉帝国的基本原则作为依据的。

但是如同上文所说，汉帝国已经从上到下蜕变成了私权的世界，清流士大夫不愿直面现实，只将国家的基本原则作为自己的行为依据。进一步而言，他们之所以执着于这样的原则，是因为这一原则保证了他们通向官场的道路。如此看来，他们的名节行为也不是百分之百的纯粹。前文说到，窦武掌权时曾经邀请名士进入朝廷，天下士人都期待着光明的时代到来。所谓光明的时代，其实也是他们作为官僚享受俸禄的时代。总之，他们终究只是站在汉代士大夫的立场上，对宦官介入朝廷权力进行了批判。

与此相比，夏馥、袁闳、申屠蟠等人的心境却有所不同。他们的行为都彻底抛却了仕途，只为能够生存下去，他们的内心早已不再向着官场了。

清流士大夫间出现这样的走向，暗示着汉王朝与士大夫阶层间产生了严重的分裂。事实上，当时的士大夫阶层已经预感到汉王朝的崩溃。被誉为高洁处士的徐稺曾说："大树将颠，非一绳所维。"[1]他看到汉朝的衰亡已经走到了个人无能为力的境地。徐稺的崇拜者、太学生第一人的郭泰也在听说窦武和陈蕃被杀

1　语出《后汉书·徐稺传》。

后恸哭道："大汉亡矣！"

逸民的世界

　　早在第一次党锢发生的时候，陈留（河南）的张升在归乡途中拜访友人，两人谈及可能到来的灾祸，不禁相对而泣。这时，一位老人拄着拐杖走来，说道："二人何故悲伤哭泣至此？如果龙不愿隐藏自己的鳞，凤凰不愿隐藏自己的羽，那要怎样从高悬的网罗中逃脱呢？现在哭泣已经太晚了。"[1] 说完便没了踪影。

　　这是《后汉书·逸民列传》中的故事。在老人这样的逸民（指脱离现实社会，向往超然生活方式的人们，也称为隐士）看来，基于大义名分的华丽清流运动就如同龙鳞和凤羽，终究只是将自己投向现实这张大网的愚蠢行为。那么，怎样才能逃脱出这张大网呢？那就只有斩断政治的志向，远离政治的世界，创造出一个新的世界。换言之，就是采用逸民的行为方式。

　　中国的逸民历史悠久，《诗经》《论语》中就已经描绘过这样的世界，但最有名的当属不食周粟的伯夷和叔齐的故事，他们宁可在首阳山上采食薇菜，最终被活活饿死。此外还有秦汉

1　语出《后汉书·逸民列传·陈留父老传》，原文为："吁！二大夫何泣之悲也夫。夫龙不隐鳞，凤不藏羽，网罗高县，去将安所？虽泣何及乎！"

之间隐居在商山上的四个逸民，也就是商山四皓。但是，《后汉书》首次在正史中设立了"逸民列传"，这说明东汉时期采用这种行为方式的人越来越多，俨然成了一种风尚。

《逸民列传》的序文是收入《文选》的名篇。其中提到，无数士大夫因王莽篡权而弃官下野，东汉王朝建立后又以礼相迎这些逸民，到了东汉末期宦官专权的时代，在野之士耻于入朝参政，便效仿古代逸民断绝俗世之念，纷纷追求清高的生活。

为了躲避党锢之祸而苦心孤诣的夏馥、袁闳、申屠蟠等人没有进入《逸民列传》，预见汉王朝终结的徐稺和郭泰等人也是一样。但夏馥等人进入山林，把自己打扮成劳动者，这就意味着他们已经舍弃了作为士大夫的世界，其前提就是徐稺等人对汉王朝的绝望感。

上文提到汉王朝与士大夫阶层的分裂，采取逸民行为的人必定是意识到了这一现状。一直以来，汉王朝都是一个普世的世界，一般人所谓的生活就是生活在汉王朝之中。但是现在，他们试图在汉王朝之外寻找不同的世界。至于不同的世界里有什么，我们将在下一章中再做考察，但以上种种都预示着汉帝国即将在现实中迎来崩溃的瞬间。第二次党锢的十几年后，正面反对帝国存在的民众叛乱终于爆发了。

黄巾之乱

中平元年（184）春，太平道的信徒们在教主张角的指挥下一齐反叛，他们焚烧所在地的官衙，攻占各处的城市。由于信徒都包裹着黄色的头巾，因此被称为"黄巾之乱"。黄色是对汉王朝所推崇的赤色的否定，表达了建立新国家的志向。太平道本是以符水治病的咒术性宗教，起初并没有革命目标，但当它在河北到江南的广大地域上获得了数十万的信徒后，便急速朝着否定汉王朝的方向发展。太平道的信徒大多是当时政治和社会矛盾下所产生的流民，可以说本来就包含着反政府的倾向。

几十万的信徒被编成三十六个"方"，每个"方"一万人左右，都有自己的领袖，太平道开始具备反政府组织的性质。他们有一条口号："苍天已死，黄天当立。岁在甲子，天下大吉。"尽管苍天和黄天的所指不甚明确，但总之就是要打倒现有王朝，建立新的太平世界。其中决定性的一年就是甲子年，信徒在中央和地方的官衙都写上"甲子"二字作为暗号，同时也是巩固自己的信念。

公元 184 年正是甲子年，起事原本定在当年的三月五日，但实际是在当年的一月，因为组织中有人将情报透露给了政府，信徒们只好提前行动。

战争一开始，黄巾军在各地击破官军。受到冲击的朝廷商议对策，皇甫嵩主张解除清流党的党锢，宦官方面也担忧如果清流党与黄巾军合流，将会酿成无可挽回的局面，于是党锢最终得以解除。然而为时已晚，尽管在皇甫嵩等人的奋战下，黄巾叛乱于184年年末得以镇压，其间黄巾军领袖张角病死，但是以黄巾之乱作为开端的动乱正在不断扩大，从六七千到两三万人规模的民众叛乱席卷全国各地，甚至膨胀成张飞燕[1]率领的河北黑山贼那样百万人的势力。在这一局势下，黄巾残党得以卷土重来。

在这样的情势下，政权内部登场的新势力无一例外都是武将。保卫洛阳城安全的八校尉中有日后争霸的袁绍（？—202）和曹操（155—220），士大夫出身的袁绍为诛灭宦官招来了西北的猛将董卓，董卓杀害灵帝[2]，拥立刘协（献帝，189—220年在位）占据长安。至此，汉帝国实际上已经分崩离析，历史进入了群雄割据的时代。

1　张飞燕：原名张燕，生卒年不详，东汉末黑山军首领，因敏捷过人而被称为"飞燕"，官渡之战时投降曹操。
2　此处原文有误，董卓进京时灵帝已经驾崩，这里的"灵帝"可能是"少帝"之误。

第二章　迈向新时代的探索

一 新的生活集团

流亡的日常

　　曹操在官渡（河南）击败强敌袁绍，确立在华北的势力后，试图进入长江流域。然而，他在赤壁（湖北）一战中大败于孙权（182—252）和刘备（161—223）的联军，南下计划受阻。不过，孙权和刘备的联盟也不牢固，双方围绕长江中游的荆州要地摩擦不断，最终荆州划归孙氏所有。

　　至此，魏、蜀、吴三分天下的形势已经明朗。与此同时，曹操在洛阳病故，长子曹丕（文帝，220—226 年在位）以此为契机废黜汉帝，建立了魏王朝（220 年）。刘备得到消息后于第二年称帝，稍后孙权也自称吴皇帝（229 年），汉王朝从地面上永远地消失了。

绵延 4 个世纪的政治权威轰然倒塌，天下将在怎样的力量下建立起新的权威呢？三国时代的抗争正是围绕这一课题进行的炽烈角逐。263 年，蜀国首先被魏国吞并，承袭魏国的晋国于 280 年平定吴国，中国再次迎来了统一的时代。然而，重获统一的晋朝仅持续三十年就崩溃了，在华北一带经营部落生活的胡族纷纷独立，而促使他们崛起的正是晋皇室司马家族的内乱。也就是说，政权内部的分裂诱发了少数民族的叛乱。

汉王朝的瓦解给中国社会留下了深刻的伤痕，二十年或三十年的短暂时间无法将其抹平，直到 590 年隋朝征服江南，这一动乱才算迎来了落幕。

那么，在 2 世纪末到 4 世纪初的混乱时代中，人们是怎样生活的呢？充满苦难的时代本身就是汉朝世界解体的结果，在这极度沉沦的黑暗日子里，人们能够找到孕育未来的种子吗？

最能如实反映民众苦难的，就是他们放弃父祖留下来的土地，被迫移居他乡，过着流亡的生活。根据多田狷介[1]的考察，公元 2 世纪初开始，流民的数量激剧增长，这在关东地区（函谷关以东、黄河中下游一带）尤为显著，接着波及江淮地区（江北淮南），在黄巾之乱前夜影响到了江南一带。他还指出，流民

---

1 多田狷介（1938—）：日本东洋史学者，日本女子大学教授，曾任日本秦汉史学会副会长，代表作有《汉魏晋史研究》等。

的产生往往引发农民暴动，以及当时称为"妖贼"的宗教叛乱（《黄巾之乱前史》，《东洋史研究》26-4）。其实，黄巾之乱就是在这种流亡、暴动和宗教叛乱日常化的背景下爆发的。

可以说，汉末社会的特征就是农民的流亡，即便三国鼎立的局面由西晋重新统一，这一特征也没有消失。因为晋王朝再次陷入动乱，人们为了躲避战乱的迁移变得更加活跃。

人们在流寓他乡时，往往结成各种各样的集团，从中可以看到新型聚落的雏形，这一点值得注意。

村的出现

近年的研究发现，中国聚落史上的重大变革出现在东汉到魏晋时期，那就是"村"的出现。汉代聚落的基本单位是"里"，"里"之外新出现了称为"乡"的聚落，在当时的史料中零星可见。随着时代推移，陶渊明（365—427）的《归园田居》中就有"暧暧远人村，依依墟里烟（远处的村庄依稀缥缈，仿佛有一缕烟向上升起）。"在描写田园风景的诗作中，"村"总能占据一席之地。

"村"字的古体写作"邨"，是指屯聚，也就是人们聚集在某个场所的意思。这一时代"村"出现的地点并不固定，可能是原有的聚落荒废后设立的，也可能是在远离人烟的山里。从这一点也可以看出，"村"的产生和原来的"里"有着不同的背景。随着"村"的普及，后世将其组合进了令制之中，比如唐代户令规定："在邑居者为坊，别置［坊］正一人……在田野者为村，别置村正一人。"[1]换言之，作为都市聚落的"坊"和作为农村聚落的"村"同时迎来了制度化。

"村"作为新型的聚落，其间的人员结构是怎样的，人与人之间又是什么关系呢？虽然"村"字经常单独使用，但和其它词组成熟语的情况也不少。比如"村坞"一词就经常使用，"坞"也是表示当时流民集团聚落的词语，正因为"村"和"坞"具有相通的性质，所以才会产生"村坞"这样的熟语。由此看来，通过"坞"的实际形态推测出当时新型农村的情况，似乎也不是不可能的。

"坞"的构造

据说，"坞"的本义是小障（小堤坝）或者小城（小城寨）。如上一章所说，公元 2 世纪初，东汉政府为防备羌族入侵建立了六百十六处"坞候"。这里的"坞"也是带有军事性质的，这样的用例在西汉就已经出现。通过 1929 年到 1930 年从居延地区

1　语出《通典·食货三·乡党》。

（内蒙古自治区）发现的居延汉简可知，汉朝曾在当地设立"坞候"来防范外敌的入侵。

但是，坞不仅是国家为防御外敌而建立，一般民众也会在内乱中出于自卫而设立。最早的例子见于王莽时代。王莽末年的内乱引发了大规模的饥荒，关中一带"人相食"，都市里看不到人影，野外都被白骨覆盖。活下来的人们集中经营"营保"（与"坞"相似），由于表现出顽强的自卫态势，连叛乱军也无法对其出手。

光武帝平定内乱后，立即下令捣毁这些自卫设施，让民众归田务农。但当汉末和晋末内乱卷土重来的时候，人们又再次经营坞堡以图生存。比如西晋末年，匈奴人刘渊（？—310，304—310 年在位）起兵自立，在他攻打平阳（山西）时，该郡的李矩被乡里民众推举为坞主，他带领人民躲避战乱，移居到了新郑（河南）。接着，永嘉之乱中晋都洛阳落入了匈奴人的手中，范阳（河北）的祖逖（266—321）与数百家人一起到淮河地区避难，他也被众人推戴为行主，"行"是指移动集团。

在上文的两个例子中，坞都经历了远距离的移动，到达一定地点后就在彼处经营。

坞的构造和规模并不十分清楚。6 世纪成书的《水经注》（北魏·郦道元撰）中记录了很多坞的名字，比如建在洛水之畔的一合坞，高二十丈，南、北、东三面都有天然的绝壁，只有西面需要人力防守，因此得名。如上所说，坞本来是指人工建设的防御城墙，但这一时期也广泛纳入了天然的要塞。

同在洛水流域的云中坞也是一例，因为建在高山之上，仿佛耸入云霄而得名。不过，这样的地理条件虽然有利于防御，但也迫使人们过上了闭塞的生活。他们不仅要储藏武器、粮食等必需品，还必须耕种山间的土地以图自给。

新世界的秩序

这样的坞堡生活创造了一个别样的世界。在远离人烟的山间，人们过着与世隔绝的集体生活，这在外界看来或许就是理想的家园了。据中国历史学家陈寅恪（1890—1969）推测，著名的陶渊明《桃花源记》就是以当时的坞堡世界作为原型的。这样的观点虽然存在争议，但是十分有趣，因为它会引导出下面的推论。

坞堡里人们的集体生活，其实是希望躲避乱世，维持和平的产物。也正因为如此，外界将之视为理想的家园。但是，为了使这样的印象进一步成立，人们还必须完美地维持坞内的秩序。如果坞本身就是一个充满争端的地方，则不仅无法做到与外界隔绝，更不可能成为理想的家园。

当时的坞堡世界无法直接等同于桃花源，但这些封闭的集团是怎样维持秩序的呢？让我们来看西晋末年为躲避战乱而据守禹山（河南）的庾衮（生卒年不详）的例子。庾衮率领同族和他姓之人躲进山中，由于集团需要统领，庾衮就在众人推戴下成了领袖。此时，庾衮提出了这样的要求："无恃险，无怙乱，无暴邻，无抽屋，无樵采人所植，无谋非德，无犯不义，勠力一心，同恤危难。"[1] 也就是说，不依仗地利之便而骄奢自满，不利用世间混乱而侵犯他人财产，守卫道义，同心协力，共同渡过危难。

人们都听从他的提议，投入到坞堡的建设之中。无论是建造高耸的防御城墙，还是封锁从外界入侵的小道，这些劳动都要通过制定度量衡和工作定额来保障公平。同时，根据各自的出身，经验丰富的优秀人才会被推举为领导者，由庾衮对他们加以指导。领导体制一旦确立，命令就能够有效贯彻，成员之间也处于井然有序的状态。

庾衮的集团绝非特例，东汉末年据守徐无山（河北）的田畴（169—214）集团也有着相似的构造。这两个集团的共同点在于，其成员不仅限于有血缘关系的人，还有更多没有血缘关系

1　语出《晋书·孝友列传·庾衮传》。

的。这是因为战乱使得原有的乡里生活难以维系，无所依靠的民众只能聚集在权威人士及其同族的周围。

难民集团本来没有秩序，但统率必不可少，庾衮和田畴都是考虑到这一点，所以提出了选定领袖的建议，最终提议者自身受到民众的拥戴，承担起领导整个集团的责任。这时，他们会向集团成员提出要求，比如成员之间不可寻衅，所有人必须团结一致。田畴的情况则是制定"杀伤、犯盗、争讼之法"，情节严重的事件可能会被判处死刑。另一方面，他们也制定有关婚姻和教育的规定，从而维持集团内部的秩序。

领袖与人格主义

总而言之，东汉以来乡里社会的解体产生了大量的流民和难民集团，为了给他们赋予秩序，必须进行强力的道德规制。不过，这样的道德规制不一定以抽象的形式表现出来。首先是集团统领的选定，选出来的统领——庾衮也好，田畴也好，或是上文的李矩和祖逖也好——都是在一族或乡党中拥有声望的人物。平时从社会中获得的声望，到了非常之时就会成为凝结集团的精神核心。

集团成员之所以将一个人奉为集团的领袖，是因为此人代表了整个集团的意志。坞堡的统领能够在一族或乡党之中拥有声望，也是因为他们时常以自我牺牲的精神救济别人。比如，庾衮的故事见于《晋书·孝友传》，他独自看护患有传染病的兄长，直到其完全康复，人们都称赞他"此子守人所不能守，行人所不能行"。祖逖原本就是带有侠气之人，他用自己的家财救济穷人，向淮河地区移动时，他让同行的老人和病人坐车，自己徒步前进，药物、粮食和衣服都和大家共用。

郗鉴（269—339）在西晋灭亡时带领同族和乡党千余家逃到峄山（山东），也被人们推举为集团的领袖。他的身上有着同样的品质，当时集团遭遇了前所未有的饥荒，感念平日恩义的民众将仅有的粮食分给郗鉴，而郗鉴又把这些食物分给了同族和乡党中孤苦无依的人们。

郗鉴的这则故事是具有双重意义的美谈。在严重饥荒时，人们愿意分给他仅有的粮食，这本身就说明了郗鉴的人望。其次，郗鉴又把得到的粮食分给穷人，通过这种双重的自我牺牲，郗鉴的人格魅力越发显得崇高，成为人们敬慕的对象。同时这也说明，郗鉴是身处苦难中的人们相互关联的纽带。

新的共同体原理

说到这里，我们会联想起人类存在的两大原理。人们都生活在"人类"这一总体性的关联之中，与此同时又是区别于他人的独立个体。前者的主要表现就是亲子、兄弟等血缘关系，汉代的乡里社会就是基于血缘关系原理构成的社会，其基本单位是家庭，大约一百家就构成了"里"这一地缘共同体，几个里聚在一起又组成了"乡"。每个家庭的血缘关联是宗族，但并非乡里社会的所有家族都有血缘关系，这就形成了包含非血缘因素的乡里社会。不过，从乡里社会的领袖被称为"父老（父兄）"，一般成员被称为"子弟"来看，血缘主义仍然是维持秩序的基本原理。

但是，随着大土地私有的发展，豪族阶级的抬头，以及后文将提到的个人主义精神倾向的增长，乡里社会逐渐瓦解，血缘主义的社会结合原理变得松弛，家族间和个人间的裂痕不断加深。毋庸赘言，上一章提到的东汉王朝的私权化也是这股潮流中的一环，而且它最终导致东汉国家的崩溃，孕育出军阀混战的时代。战乱进一步加速了乡里社会的解体，人们为了利益而相互争斗，用"人相食"形容当时的生活绝非夸张。无论集团的层面还是个人的层面，个体与个体之间充满了对立、争斗，以及相互排斥。

在既有社会瓦解的过程中，人们为了生存下去就必须拥有自卫的手段，但自卫的方法通常需要与他人合作。于是，人们再次摸索相互合作的方向，但其原理已经不可能基于血缘主义。

立足于乡里社会瓦解的现状，为了重新统合人们，迫切需要一个全新的、更具自觉性的纽带。

这一全新的纽带是什么呢？从上文提到的几则坞堡集团的结合原理可以看到，那就是对每个个体的行为加以规制，从而维持整个集团的秩序。这样的规制从一开始就不是抽象化的法律，而是以个体的自我道德约束作为前提，各集团的统领都是道德人格的表率。当乡里社会中基于血缘主义的共同体原理走向崩溃时，全新的探索成果就是基于人格主义的共同体原理。

早期道教的逻辑

新的结合原理，绝非只规范了坞堡集团。伴随乡里制的崩溃，各地形成的"村"成了当时迅速普及的道教和佛教的接受场所。佛教姑且不谈，阅读道教的教义就会发现，其中包含着相同的原理。

前文说到，太平道是早期道教一支，依靠符、水、咒语等治病。这似乎只是单纯的咒术，但太平道在治疗时会要求病人跪地忏悔自己的罪行，也就是以有罪意识作为前提：人们之所以会生病，是因为犯了罪。

那么，罪是什么呢？同一时期兴盛于汉水流域（湖北）的五斗米道也有与太平道相似的仪式，他们将病人抬到安静的房间里忏悔罪行，然后接受祈祷。祈祷的方式是记录病人的姓名，写下三份承认罪行的供状，一份放在山上，一份埋进地下，一份沉入水中。这就是"三官手书"，人之所以会得病，是因为有了超越限度的欲望。五斗米教因要求病人提供五斗米而得名，信徒贡献的米和肉都会放在名为"义舍"的公共设施中，旅行者可以自由食用和住宿。但若是取用了超出需要的米和肉，就会因为鬼道（人眼看不到的超凡力量）而得病。

这样说来，人们得病的原因在于有罪，也就是过度的欲望。人一旦有了过度的欲望，就会抢夺他人理应享受的福分，在自己与他人之间创造出相互排斥的关系。换言之，这就是朝着社会解体的方向发展。由此看来，五斗米道和太平道的志向恐怕都在于社会共同体的重建吧。

进一步佐证这一思想的是4世纪初的《抱朴子》（东晋·葛洪撰），其中《微旨篇》转引的《道戒》（道教的教义）记载了当时流行的各种"道戒"。

"想求得长生不老的人，一定要积累善行，对物慈爱，以宽容之心惠及他人，仁爱之心至于昆虫。祈祷别人的幸福，悲悯他人的苦难，救人于危急，助人于困窘。不伤害生命，不劝说灾祸，别人得到东西如同自己得到，别人失去东西如同自己失去。不自夸，不自大，不嫉妒比自己优秀的人，既不谄媚，也不损毁他人。如此就是有德之人，上天会赐予这样的人幸福，做任何事情都能成功，也会如愿地修炼成仙。"[1]

这一教导的核心思想就是，对于容易引发对立和排斥的关系，必须努力克服和超脱。因此，"破人之家，收人之宝，害人之身，取人之位……教人为恶，蔽人之善，危人自安，佣人自功，坏人佳事，夺人所爱"，这些行为都会导致减寿乃至死亡。

一般认为，道教比佛教更注重现世的利益。个人的理想目标在于长生不老，也就是将现世的生命永久化。但是，为了达成这一理想，人们必须自我克制物质的欲望，构建与他人的连带世界。近年的研究认为，太平道、五斗米道等早期道教都是寻求新型共同体世界的宗教运动。从上文的论述来看，这是完全可以肯定的。

集团领袖与豪族阶级

如此看来，东汉魏晋时期既是社会的崩溃过程，其实也是以各种形式寻求新型共同体世界的过程。当然，共同体世界不可能实现人与人的完全平等，因此需要以领导者与被领导者间

1　原文为：欲求长生者，必欲积善立功，慈心于物，恕己及人，仁逮昆虫。乐人之吉，愍人之苦，赒人之急，救人之穷，手不伤生，口不劝祸。见人之得如己之得，见人之失如己之失。不自贵，不自誉，不嫉妒胜己，不佞谄阴贼。如此乃为有德，受福于天，所作必成，求仙可冀也。

的关系作为主轴。领导者通常是豪族阶级出身，但豪族阶级往往压迫民众，在竞争中不断扩张，形成排他的性质，这些都无法直接成为共同体世界的领导力，甚至可以说是破坏共同体的力量。重建共同体的力量，来源于豪族阶级对自身性格的抑制，竭力谋求与民众共同生存的场所。当时社会集团的领袖，都是具备这样自觉的人。

但是，无论个体的自觉如何强大，都可能被豪族阶级与生俱来的排他性和扩张性压倒，最终化为虚无。这样的恐惧并非不曾变成现实，但所谓的自觉也不仅仅是观念上的产物，为了维持独立的生活，共同体的秩序必不可少，民众迫切需要在共同体秩序中寻求核心地位的旗手。那就是汉代以来所谓的乡论，后来被纳入贡举制度之中的这一传统在汉末以后的集团形成中继续发挥着作用。正如在太平道和五斗米道等宗教运动中看到的，重建共同体的意愿前所未有地强烈，不难想象领导层的行为受到了来自底层的约束。

这样看来，当时豪族阶级所处的社会环境绝不单纯。他们一方面具备依靠武力和财力谋求自我扩张的所谓领主化倾向，但同时又受到要求领导者人格高尚的社会舆论的强力制约。过于强调前者的结果，就是汉王朝走向崩溃，引发严重的政治混乱。于是，豪族阶级不得不对自我扩张的趋势加以抑制，谋求共同体秩序的重建。换言之，与其用武力和财力奴役民众，以道德的力量掌握独立的民众才更有利于豪族阶层的安定。

基于上述背景，豪族中的人格高尚者成了领导层的核心，对民众集团的力量加以整合。也正因如此，领导者们必须具备优秀而独立的人格。舍弃汉帝国的逸民们就是如此，他们不仅仅作为个人逃离了汉朝的政界，还有不少人由此成为乡村集团的领导者。比如躲在小屋中免于党锢之祸的袁闳，后来又遭遇了黄巾之乱，但他并没有到别处避难，而是泰然自若地诵读经书，结果叛乱者达成一致，谁都没有侵犯他的部落。于是，同部落的人们纷纷依附袁闳，他的部落在战乱中竟然毫发无损。

成为社会领袖的资格既非财力也非武力，而是超越自身利益、坚守道德的人格，这是孔子以来儒家的传统理念。这一理念通过汉代的官吏任免法——贡举制度得以实现，后来又成为清流运动的思想依据。在汉王朝的崩溃过程中，各集团都贯彻了由道德高尚之人领导民众的模式。可以说，这些集团继承了汉代的理念。不过，东汉末年到魏晋时期的集团都诞生于政治混乱之中，它们领袖的人格也必然带有独立性、个性化的特点，这一点与该时期出现的批判礼教主义思潮绝非没有关联。

二 批判礼教主义的潮流

法术与通达

在汉代，学问是与国家权力相联系的。将国家权力塑造成理想的形态，由此确保国家权力的正当性，这正是学问所承担的功能。这里的学问自然就是儒学，儒学是礼作为根本理念的思想体系，而所谓的礼，就是以家庭生活作为中心的乡里社会的道德秩序。如果说国家是由儒学保证其正当性的礼治世界，那么人们对儒学的态度应当是永恒不变的。但是如上文所说，国家已经背离了理想，沦为争夺私权的场所。无论清流士大夫的言论活动如何描绘理想的国家图景，作为基础的乡里社会早已经不留痕迹地解体了。

在理想和现实的严重乖离中，人们的思想要怎样涅槃重生呢？

从东汉末到魏晋时期，正是以这样的思想课题作为底流的疾风骤雨的时代。汉代得以完备的学问和思想体系受到各方面的挑战，逐渐演变为适应新时代的产物。

西晋官僚傅玄在文章中说："魏武（曹操）好法术，天下贵刑名。魏文慕通达，天下贱守节。"（《晋书·傅玄传》）这很好地反映了当时的思潮。曹操之所以推行法律主义政治，是因为作为主流的礼教主义已经乖离了现实，但士大夫们却依然拘泥于礼教，只在乎世间的道德评判，对于实际政治没有任何作用。曹操站在自古以来与儒家对立的法家位置上，意图将政治从过多虚饰的世界中独立出来。

曹操的继承人曹丕虽然篡汉而建立了曹魏，但如后文所说，他本人非常具有文采，他所创造的风潮，用刚才的话来说就是"通达"，也就是不受礼教束缚的自由立场。以前标榜这样立场的人是老子和庄子，老庄思想在这一时期重新壮大，甚至可以说是新时代的思想基石。

总之，曹操的"法术"也好，曹丕的"通达"也好，其对立面都是旧有的礼教世界。克服礼教世界，就是这个时代的目标。自觉到这一点，并通过各种文化形式追求这一课题的人，无疑就是知识分子。他们大多是前朝士大夫的子孙，也是属于豪族阶层的人物，但他们的行为中散发着家族和出身所无法解释的自由与奔放。

疾风骤雨的时代

所谓建安七子（孔融、阮瑀、徐干、陈琳、应场、刘桢、王粲），正是基于这样的思潮，面向新时代开展着文学活动。建安是曹操拥立的汉献帝的年号，但由于曹操的根据地在邺城

（河南），这些人的活动场所也都在邺城。其中之一的孔融前面已经提过，在第二次党锢中藏匿了被通缉的张俭，后来还争着承担罪责。当时的孔融只有十六岁，却也曾为清流士大夫的运动摇旗呐喊。

孔融还是孔子的二十世孙，年幼时就以孝行闻名，同时精通儒学，可谓汉代士大夫的典范。然而，他毅然的气节反而成了遭到曹操疏远的原因，最后被曹操杀害。孔融遭到告发，他在和朋友开玩笑时说道："所谓父子，其实就是性欲的产物；所谓母子，就像把瓶里的东西倒出来一样，倒出来就是两件东西了。"[1] 后世学者都认为孝敬父母的孔融绝不会说这样的话，但又苦于没有确凿的证据。不过，理应谨慎的孔子后代却如此口无遮拦、卖弄聪明，从中倒是可以看出一些时代的风气。

清代著名史学家王鸣盛（1722—1797）认为，后世的文人流于轻浮浅薄，就是建安七子开了先例（《十七史商榷》卷四十）。比如曹丕在招待他们的时候，曾令著名的美女甄夫人出来招呼，这本身就是无视传统礼法的行为，七子中只有刘桢还直直地盯着甄夫人看。

这些不拘礼法的行为不如说是有意为之，这样的倾向到后

---

1 语出《后汉书·孔融传》，原文为："父之于子，当有何亲？论其本意，实为情欲发耳！子之于母，亦复奚为？譬如寄物瓶中，出则离矣！"

来越发明显，其顶峰就在魏晋交替已经初露端倪的正始年间（240—249）。名列竹林七贤的阮籍（210—263，建安七子之一阮瑀的儿子）和嵇康（223—262）都是这一时期的人。

阮籍和嵇康

最不顾礼教的人物就是阮籍，《世说新语》（南朝·刘义庆撰）的"任诞篇"中记载了很多相关的故事。这些不顾世人眼光的奇谈怪行读来令人畅快，但并非只是对放浪行为的赞美，用当时的话叫作"任真"，也就是追求根植于内心的真实想法，以此作为批判形骸化礼教的依据。有一则著名的故事，阮籍在母亲的葬礼上喝酒吃肉，而当出殡至野外时，却在一声号泣中吐出血来。

阮籍有一篇堪称讨伐礼教主义檄文的作品，那就是《大人先生传》。文中把礼教比作裈裤上的虱子，这些虱子住在裈裤的缝隙或是败絮里，任何时候都死死咬住裈裤不肯出来，这就是它们所说的规范。饿的时候就咬人，不愁吃就高兴。可一旦起了大火，整个都城都被烧毁了，虱子们就只能一个不剩地死在裈裤里。看看那些礼教君子的生活，和虱子又有什么区别呢？[1]

1　语出《晋书·阮籍传》，原文为："独不见群虱之处裈中，逃乎深缝，匿乎坏絮，自以为吉宅也。行不敢离缝际，动不敢出裈裆，自以为得绳墨也。然炎丘火流，焦邑灭都，群虱处于裈中而不能出也。君子之处域内，何异夫虱之处裈中乎？"

那么，真正的君子应该是怎样的呢？嵇康在《释私论》的开头说："称得上君子的人，他的心绝不会被是非所束缚，他的行为不会违背道。"[1]在嵇康看来，用"是"或"非"这样的绝对价值定性事物，这本身就是"私"，礼教主义就是"私"的世界。所谓君子必须超脱"私"的世界，生活在"道"的公理世界之中。

嵇康所说的"私"不一定是指狭义的私利私欲，他把决定人们生活方式的精神状态，或者说人们面对世界的方法作为问题。进一步而言，他以构建超脱"私"立场的世界观作为自己的目标。当时的礼教主义批判不仅表现为日常行为的放荡不羁，还上升成一种形而上学式的议论。

清谈与玄学

所谓清谈，就是在这样的思想背景下流行起来的。清谈源于清议，也就是东汉末年清流士大夫内部盛行的人物评论。如上文所说，这是当时士大夫有志于超脱被宦官政治所污染的国家的反映。进入魏晋时期以后，这种谈论的风气上升为对人类和宇宙本质的讨论。比如在与人类相关的话题中，才（才能）和性（操行）的关系常常被提出来；在关于宇宙本质的问题中，

1　语出《晋书·嵇康传》，原文为："夫称君子者，心不措乎是非，而行不违乎道者也。"

将其视为"有"还是"无"是一个重要的争论点。

上面两个话题中，前者与当时的官吏任用问题相关，后者则是纯粹的形而上问题。但是，这些都和当时的思想性课题深刻联系在一起。从嵇康的《释私论》中也可以看到，礼教主义往往拘泥于事物的现象形态，与实有论的世界观相关联。与此相对，将宇宙的本质定为无的立场则是从反礼教主义的意识形态出发的。西晋时期的裴頠（267—300）著有《崇有论》拥护礼教主义，而王衍（256—311）则立足于虚无思想进行了辩驳，从中很好地反映出两种不同的立场。

虚无思想是超越事物的现象形态而逼近其本质的方法性契机。这一思想的先驱者自然是老子和庄子，但儒家经典的《易经》也对各种现象进行了原理性和普遍性的说明，如果穷究其中的逻辑，就会发现，超越各种现象的原理性世界与老庄思想所描绘的幽玄世界有一定的共同点。因此，老、庄、易被称作三玄，在此基础上形成的形而上学就是玄学。

玄学的发展自然也对一直以来的经学产生了影响。正始年间的清谈代表是何晏（？—249）和王弼（226—249），两人都是老庄学者，通常被称为"正始之音"。何晏著有《老子》注疏，晚辈王弼的《老子注》至今仍被传为名著。这里值得注意的是，他们还夹杂老庄思想撰写了《论语》的注释书。比如何晏在

《论语集解》中将孔子"志于道"（述而篇）的说法解释为"道不可体，故志之而已矣。"以往的解释都将"道"单纯理解为道德，但何晏力排众说，将其解读为老子的"道"，也就是绝对性的宇宙原理。

这只是其中一例，总之当时的新思潮已经渗透到了儒学之中，并不断使其发生变质。

自然与抒情

当批判礼教主义的立场朝着超越现实世界的方向发展时，自然就会出现独立于政治世界的主张。知识分子的行为方式就是上文所说的逸民，竹林七贤也是希望在魏晋交替之际的动荡政局中韬光养晦。但作为一个思想问题而言，他们不仅要从特定的政治世界中逃避出来，还需要超越政治世界而自我独立的思想性依据，也就是说，要将汉代绝对化的政治世界的价值相对化。这又是通过怎样的契机来实现的呢？

超越政治世界，也就是超越国家的存在，首先就是自然界。人为创造的国家总会迎来灭亡的时刻，但自然却是永恒存在的。超越国家的另一个世界是个人的内心世界，无论多么强权的国家都无法征服这个世界。

汉末魏晋的时代精神就是放眼于这两个世界，而且这两个世界在人们心中相互交织，以丰富多彩的艺术形式表现出来。

其中最值得一提的就是诗。诗在汉代的代表形式就是与楚辞一脉相承的汉赋，它们堆砌华丽的辞藻，以叙事诗的形式记录着宫殿的壮丽、首都的繁荣，以及王侯贵族的狩猎场景。这就是所谓的宫廷文学，伴随节拍歌颂着政治世界的力量和美学。然而，汉赋不知何时起拘泥于技巧，不免陷入了墨守成规的境地。

取代诗赋的就是五言诗。五言诗比《诗经》等所见的四言诗增加了一个字，具有更为生动的韵律感。据说，五言诗本是民间的歌谣形式，东汉末期的诗人用这样的形式歌颂自然，阐发自己的情怀。短诗的形式是最利于抒发情感的。

上述的建安七子都是五言诗的作者，当时掌权的曹操和他的儿子曹丕、曹植（192—232）（三曹）都是优秀的诗人。正始时期的阮籍、嵇康等人，也都通过五言诗率直地吐露出自己深邃的内心，前者的《咏怀诗》和后者在狱中所作《幽愤诗》就是其中的代表。

五言诗的第二个高峰在西晋的太康时期（280—289）。当时，天下由西晋政权重新统一，首都洛阳成了张华（232—300）、陆机（261—303）等文人官僚雅集的场所。他们的作品比起建安、正始时期的文学，稍稍带有修辞主义的倾向，这也意味着五言诗染上了贵族主义的色彩。

上面提到的关于五言诗的情况，总结起来就是文学从政治世界中独立出去。曹丕在《典论》中所说"盖文章经国之大业，不朽之盛事"（《论文》），堪称文学的独立宣言。他又接着说道："年寿有时而尽，荣乐止乎其身，二者必至之常期，未若文章之无穷。"人的寿命和荣华都是有限的，唯有文章万古长流。

是什么支持着这份永久呢？那恐怕就是独立于政治世界的内心，以及内心所向往的悠久的自然吧。当时的文学带有更多的抒情性，常常会有纵情于自然的表达，这些都不是没有原因的。

尽管人们的精神开始在超越政治的地方构建起牢固的世界，但这样的精神又时常与政治世界相互关联，决定着它的根本性质。正所谓"文章经国之大业"，伴随精神世界的确立，作为社会领导阶层的贵族阶级自然形成，国家权力也朝着贵族国家的方向转变。

三　魏晋政权与贵族制

郡望的出现

如第一节所说，从东汉末到魏晋时期是各种新型社会集团萌芽的时代，那是为了超越汉代政治世界的一种探索。思想层面上的努力就是批判礼教主义的潮流，其间出现了形形色色的观念。正当历史从社会和思想两方面试图超越汉代的政治世界时，起到领导作用的正是从汉代士大夫发展而来的知识分子。

从社会阶级来说，他们大多出身豪族，但之所以能够在乱世中发挥领导作用，依靠的不仅仅是武力和财富。尽管他们积蓄的私兵和家财在面对时代浪潮时有一定的效力，但作为领导者的基本资格则来源于自身的德望。无所依靠的民众以他们作为人格核心，为自我生存而经营着集团式的生活。

如果要用一个字来表达领导者和民众的这种精神关系，那就是"望"。"望"本身是仰视的意思，换言之就是仰视者和被仰视者的关系。领导者，包括他们的家族，常常因此而被称作"望族"。

"望族"也称为"郡望"。众所周知，郡是秦始皇设立郡县制以来，在地方行政区划中最大的单位。汉武帝时，全国分成十三个州，由中央向各州派遣刺史。刺史是监察官的意思，负责境内郡县的监察工作。因此，州其实是中央政府的派出机关，与作为地方行政机关的郡和县在功能上并不相同。

然而，随着时代的推移，州也出现了地方化的倾向。东汉初期，刺史开始在特定地方设立官府，东汉末年刺史改称州牧，完全成为地方的行政机关。

州从监察机关到行政机关的职能演变，无疑是汉朝中央集权体制发生分裂的表现。事实上，在黄巾之乱后的动荡中，各地州牧逐渐作为地方割据势力自立，为接下来的三国鼎立时代起到了桥梁的作用。总之，州的发展动向如实反映了当时地方分权化的政治趋势。由此，郡县层面的地方社会演变也是可以推测的。

这一时期出现了众多各种形式的传记，其中以《陈留耆旧传》(魏·苏林撰)和《汝南先贤传》(魏·周斐撰)等特定地区的名士总集最为常见，这也说明各地社会与出身人物之间产生了紧密的关联。换言之，土地因人物而知名，人物的评价又与地方联系在一起。在这样的情况下，州、郡、县不再只是作为中央政府耳目的地方行政机关，而成了诞生名士的独立世界。

"望族"之所以称为"郡望"，恐怕也是基于上面的事实。当时的"望族"一般称为某郡某氏，将出身郡冠于姓氏之前。一郡中的"望族"之家，作为"郡姓"受到人们的尊重。

我们今天将魏晋南北朝隋唐时期的统治阶级称为贵族，但当时的用语则是"望族""郡望"。本书后面也会使用贵族的说法，统治东汉末和魏晋时代的就是贵族阶级。当汉帝国的权威坠地后，怎样的权威才能够支撑起这个混沌的世界？在这一课题中展现自我人格的就是贵族阶级。为此，他们打破礼教主义的古老权威，超越人为的政治世界，倾心于自然公理的绝对世界。将世界的公理视为有还是无，这一本源性的讨论就足以衡量该课题的深度。

曹操政权与贵族阶级

为了成为取代汉朝世界的权威，贵族阶级领导下构筑的新型社会和精神世界必须再次与政治权力交融，这是在超越政治第一性的汉朝世界的过程中形成的。再次与政治权力联合，这听起来似乎有些矛盾，但人类的志向或是理想若想在大地上得以实现，就必须现实化为政治世界的国家。只有当脱离政治的事物重新回归政治，作为志向的理念才能最终得以完成。这是生活在大地上的人类的困境，而这一困境又正是历史前进的动力。

另一方面，各个时代的政权不断纳入新生的社会性和思想性力量，由此巩固国家的基础，构建自身的正当性。从曹操时代到西晋建立的政治经过，就可以概括为政权将贵族阶级纳入体制内的过程。

首先，曹操政权本是军阀政府。如上文所说，曹操是黄巾之乱时为加强中央警备而设立的八校尉之一，人称"乱世枭雄"的他身怀武将的才能，通过招募流民和降伏敌将，直属的军队不断强大。直属军队的周围还有支持他的群雄军团，两者结成了同盟关系。

贵族出身的知识分子也活跃在曹操帐下，不过曹操的政权还不能称为贵族国家，因为他终究是实力本位时代的霸主，任用官吏也是以能力作为首要条件。建安十九年（214）末，曹操在发布的教令中这样说道："夫有行之士，未必能进取；进取之士，未必能有行也。"[1] 意思是说，具备优秀德行与在政治上积极进取是两回事，因此即便德行上稍有缺陷，只要有能力就应该得到重用。

这样的观点是法家的立场，即强化中央政权，将官僚作为手足驱使，由此统合混乱的地方社会。理论上讲，在地方社会上享有声望的贵族阶级没有介入曹操政权的余地。如果说他们与中央政府发生了关联，那只可能是因为个人的才能。荀彧（163—212）和孔融等名门士大夫都因触怒曹操而被杀害，可见曹操政权并没有把贵族阶级作为自身存在的前提。

曹操实行的土地政策就是著名的屯田制，也就是利用战乱中被抛弃的土地招募流民，将他们置于国家的直接监督下从事农业生产，这样的方法可以称为国家直营的地主经营。屯田的收入作为军费和其他财源，这一点与向自耕农征收税役的汉代

1　语出《三国志·魏书·武帝本纪》。

制度很不相同。汉代的税收以地区为单位，是在把握民众的基础上进行的，而曹操的屯田制则掌握了被地域社会抛弃的流民，是一项简易便捷的经营政策。仅从这一政策而言，曹操政权还没有能力将集团式掌握民众的贵族阶级全盘纳入政治权力之中。

九品官人法的制定

曹丕建立魏国后，贵族阶级与国家权力进一步结合，建国当年（220年）在陈群（？—236）建议下创设的"九品官人法"就是其间的媒介。所谓"九品官人法"，就是用将人才分为一到九品的官制来任命做官的方法。此前的汉代官制以俸禄的石高作为区分的等级，至此演变成用抽象的位阶（官品）确定秩序。

那么，九品官人法是如何运作的呢？"九品官人法"又称"九品中正法"，在各郡设立中正官，听取辖下人物的评价（乡论）后划分等级，也就是乡品，再由郡中正将乡品和人物的德行、才能等相关评语（状）报告给中央政府。这就如同官吏资格的认定书，在此人任官时，乡品的高下就决定了官职的高下。

因此，九品官制中抽象化的位阶"品"，其实就是人物评价中的等级。陈群之所以提出这一建议，是因为各地在战乱后荒废，难以任用有能力的人才，于是将各郡出身的官僚任命为郡中正，切实实行人事任免工作。此外还有一个目的，那就是将眼下并行的汉朝系官僚和曹魏系官僚的二元体制统合为后者，把敌对官僚和反魏分子一网打尽。

总之，九品官人法本身并没有拥护贵族制度的意图。这一制度继承了汉代乡举里选的精神，在紧密联系中央政界和地方社会方面起到了重要作用。但正如前文所说，地方社会是由贵族阶级全面把持的，人物品评的风气也依然强烈，加上采访人物评价的郡中正本身就是当地出身，大部分情况都是贵族。因此可以说，九品官人法在实际运用中起到了将各地的贵族社会统合进中央政界的作用。

州大中正

进一步助长这一趋势的是州大中正的设立。州大中正虽是在中央政府和郡中正之间起到媒介的作用，但它更倾向于对郡中正进行监督，切实贯彻中央政府的意志。也就是说，九品官人法因州大中正的设置加强了中央集权的色彩，在轻视地方乡论的同时，还受到中央高官意志的左右。无论如何，地方贵族社会与中央政界的联系日益紧密，国家逐渐具备了作为贵族国家所必需的实质。

州大中正的设置是基于曹魏重臣司马懿（179—251）的意向。司马氏是河内郡出身的贵族，司马懿与曹丕友善，曹丕死后奉遗诏辅佐曹叡（明帝）。他作为将军也颇有才干，不仅击退了西方蜀国的进攻，还降伏了辽东的军阀公孙渊（？—238）。司马懿一步步扩张势力，最终发动政变，掌握了魏国的实权。州大中正的设置就在那个时候，司马氏试图通过这一政策，将各地的贵族社会都置于自己权力的统辖之下。

取代曹魏并正式建立晋王朝的是司马懿的孙子司马炎（武帝，265—290 年在位）。从上述经过中不难看出，从曹操政权到曹魏，从曹魏到晋朝，国家逐年朝着贵族国家的方向转型。从这一意义上说，晋王朝的成立正是东汉以来转型过程的一个归结点。建国十五年后的太康元年（280），晋朝平定吴国，再次统一天下，由此也足以证明这一论断。

第三章　胡汉分立的世界

一　内战再起

外戚杨氏

太康三年（282），晋武帝曾向司隶校尉刘毅询问道："朕可以比作汉代的哪个皇帝？"刘毅回答说："大概是桓帝或者灵帝吧。"桓帝和灵帝是东汉末年宦官专权时期的皇帝，可以说都是昏君了。武帝听闻后大为吃惊，他有着重新统一中国的功绩，又得到了贵族阶级的支持，因此多少有些自信。刘毅说出了他的理由："桓、灵时期卖官的钱都纳入国库，而陛下卖官的钱都进了私门，这样看来还不如桓帝和灵帝。"[1]

这里的私门是指当时掌权的杨骏一族，杨骏的女儿是武帝

1　语出《晋书·刘毅传》，原文为："桓、灵卖官，钱入官库；陛下卖官，钱入私门。以此言之，殆不如也。"

的皇后。天下统一后，武帝懈怠政务，醉心于后宫的糜烂生活之中，外戚政治卷土重来。

杨骏与他的弟弟杨珧、杨济合称三杨，他们实行贿赂政治，排斥建国初期的旧臣。290年，纵情声色的武帝危在旦夕，他想把后事交托给杨骏和叔父汝南王司马亮，但杨骏私藏了这份诏书。杨骏还趁着武帝意识蒙眬之际，得到了太尉、太子太傅、都督中外诸军事、侍中、录尚书事的任命。

杨骏集国家元老、皇太子监护人、国家军队最高司令官、行政最高长官等地位于一身，如此下去，晋王朝就会被杨氏篡夺，形势就如同司马氏篡夺曹魏政权的重现。实际上，武帝死后惠帝（司马衷，290—306年在位）即位，这样的征兆愈加明显。

朝廷和宫中要职都是杨氏的心腹，还有很多人既不称职也不是士大夫出身。诏令的发布都要经过杨太后的许可，万事听从杨骏的决定。正当他们的野心即将实现时，却出现了一个巨大的障碍，那就是贾氏的势力。

贾后的毒手

早先，帮助武帝成为晋王世子（继承人）的人正是贾充（217—282）。武帝的父亲司马昭曾打算将武帝的弟弟司马攸立为继承人，但贾充说服他放弃了这一想法。这是武帝即位的第一步，因此对贾充感恩戴德。

贾充很擅长讨好别人，既能够说动司马昭，又获得了武帝的信任。他与荀颐、荀勖、冯纨等官员结成同党，招来了正直士大夫的反感。不少朝臣都向武帝进言，禁止私党在政府内部弄权。

有人提议，只要让贾充担任地方行政官就能把他和武帝分开，于是武帝派遣贾充到西北地区防卫少数民族。贾充心生一计，献出女儿作为皇太子妃，借此成功地留在了中央。

这一过程中，贾充也利用了杨皇后，但随着惠帝即位贾氏成了皇后，两者间自然成了敌对关系。贾皇后本身也是好胜之人，她联合被宦官和杨氏疏远的朝臣，设计铲除杨氏的势力，另一方面又将镇守荆州地区的楚王司马玮（惠帝的弟弟）拉入自己的计划。元康元年（291），杨骏被指认意图谋反，一党尽数遭到诛杀，杨皇后也被废为庶人，当时牵连被杀的多达数千人。

贾氏虽然取代了杨氏，但她还有很多对手。惠帝生来暗弱，据说曾在饿死很多人的饥荒时问道："既然没有饭吃，为什么不喝肉粥呢？"如此的昏君自然不成问题，但太子司马遹却聪明有才干，而且还不是贾后亲生的孩子。贾后自然担心起自己的未来，于是设计杀害了司马遹。

杨氏被诛后，作为宰相统领朝政的是汝南王司马亮（武帝的叔父）和开国元勋卫瓘。贾氏发布伪诏，指认两人存有废立天子之心，命令楚王司马玮将他们杀害。不久，司马玮也因为这一事件被问罪诛杀。

贾氏接连除去了障碍，她的生活也日益奢侈淫乱，在路上看到俊美的少年就会带进宫中，事后将他们杀害。这个故事让人联想起千姬的吉田御殿[1]，但这种享乐主义的倾向不仅限于贾皇后，那是当时整个社会的风气，是贵族国家的问题，关于这一点留待后文详述。

八王之乱

然而，贾氏的专制政治并不安稳。从上文叙述的复杂的政治过程中可以看到，贾氏所依靠的是宗室诸王的武力。不难预测，推翻她的也会是宗室诸王。事实上，最终完成这一任务的是赵王司马伦（武帝的叔父）。

赵王司马伦的心腹孙秀曾经和贾氏勾结，但随着朝堂上对贾氏专权的批判声越来越强烈，孙秀担心自己也会被视为同罪。于是，他首先挑唆贾皇后杀害皇太子，然后又以此为由发动政

1　千姬的吉田御殿：据传德川家康的孙女德川千姬经常将貌美的男子勾引到吉田御殿玩弄并杀害，但这个故事并没有任何事实依据。

变，诛杀贾氏一党，幽禁了皇后。朝政大权落入赵王司马伦手中，不久司马伦就废黜惠帝，自己继承了皇位。

其他诸王当然不会坐视不理。许昌（河南）的齐王司马冏、邺城的成都王司马颖、常山（河北）的长沙王司马乂相继起兵，攻入洛阳后诛杀赵王司马伦，重新拥立惠帝。但是，诸王间的矛盾日益尖锐，他们各自拥兵作战，事态已经呈现出内乱的征兆。上文提到的六王加上河间王司马颙和东海王司马越，这就是史称的"八王之乱"。他们相继拥立皇帝称霸，纷乱的场面让人联想起日本的战国时代[1]。总之，外戚政治还停留于朝廷内部的纷争，一旦演变成宗室之间的抗争，规模就扩大到了全国性的战乱。

晋王朝之所以会因为宗室间的斗争而瓦解，是有其理由的。起先，武帝在建国之时将诸王派遣到各方要地，给予他们镇守的军队，据说这是吸取了曹魏为强化皇权而削弱宗室，最后孤立而败的教训。换言之，诸王被视作拱卫国家的屏障，起到拱卫中央政权的作用。这样的政策旨在克服汉朝崩溃后的分权状态，逐步建立起统一的国家，晋王朝正是以此为轴心而成立的。

然而，事实却与期待的完全相反，这一轴心本身起到了分

1　日本战国时代：通常是指 1467 年到 1590 年，始于应仁之乱，结束于丰臣秀吉统一日本，其间各地大名纷纷崛起，全国战乱不断。

裂的作用，其间的原因又在哪里呢？

贵族国家的挫折

为了使以皇帝为中心的宗室体制作为国家的轴心得以运转，相互间的团结是必需的。但是，武帝的政治懈怠带来了外戚的专权，连深得百官信任的武帝之弟齐王司马攸也遭到排斥，国家朝着私权化的方向急速发展。前文提到，刘毅曾将武帝比作桓、灵二帝，这绝不是没有依据的议论，晋朝正是继承了东汉末年的政局。

杨氏和贾氏所荒废的朝政将众多贵族官僚卷入了追逐私利的浊流，当时的隐士鲁褒在他的《钱神论》中对满眼金钱的洛阳士大夫的世界进行了辛辣的讽刺。关于晋朝贵族的奢侈生活，《世说新语·汰奢篇》中记载了很多故事。

《世说新语》里还有《俭啬》篇，专门记录当时贵族的吝啬行为。其中有一则著名的故事，王戎（234—305）在出卖自己果园的李子时总要先在果核上掏一个洞，目的就是独占优良的品种。已故冈崎文夫[1]（1888—1950）认为，当时贵族的奢侈和吝啬

---

[1] 冈崎文夫：日本东洋史学者，东北大学教授，师从内藤湖南，着眼于南北朝至隋唐间法律制度的重大转变，被视为魏晋南北朝研究的先驱，代表作有《魏晋南北朝通史》等。

其实互为表里（《魏晋南北朝通史》），在对财物抱有强烈的关心这一点上，他们之间有着共通的精神倾向。

当国家和贵族都沉溺于私权世界的时候，宗室诸王所拥有的军事力量自然也不会例外，他们不再是支持晋王朝的公共权力，而是向着私权化的方向发展。正如赵王司马伦和齐王司马冏等人，一旦掌握权力后，无一例外地将国家机构私有化。

总之，晋朝政权还无法完全超越汉朝的世界，前一章中提到的新时代动向，在晋王朝也没有形成牢固的体制。新型的共同体世界在成为国家基础的支柱之前，还必须经历更多的考验。

话虽如此，给晋王朝造成决定性打击的还是少数民族的崛起。随着八王之乱陷入胶着，诸王借助少数民族军事力量的动向越发显著。比如东海王司马越的弟弟东嬴公司马腾向塞外的鲜卑族求援，成都王司马颖与山西地区的南匈奴结成同盟。前者就是日后建立北魏的拓跋部，后者则开启了五胡十六国时代的大幕。南匈奴长期居住在中原内地，受到汉人王朝的统治，以八王之乱为契机在平阳（山西省）宣布独立。他们的汉国（后来称前赵）后来向晋朝都城洛阳进兵，并与永嘉五年（311）将其占领（永嘉之乱）。当时的天子晋怀帝（司马炽，307—311年在位）成为俘虏，司马邺在长安继承帝位（愍帝，313—316年在位），但几年之后也被灭亡了。

作为统一帝国的晋朝的命脉只持续了约三十五年。汉末大乱以来已经经过百年，但政治上的分裂并没有停止，反而进一步加剧了。华北陷入了五胡各国的分裂和抗争之中，而在江南，晋王室成员之一的司马睿（元帝，317—323 年在位）以建康作为都城宣布建国（为与此前的晋朝区别，史称东晋）。这样南北世界的对立，一直持续到了 6 世纪末隋朝统一江南。

二　五胡的国家构造

南匈奴的瓦解

古书中常常将五胡十六国时期称为"五胡乱华"，仿佛少数民族对中原社会进行了无秩序的蹂躏。那么，他们对于华北的统治真的没有任何秩序吗？汉朝世界帝国瓦解后，眼前的课题就是出现了怎样的社会秩序，以及由此形成怎样的国家体制。因此，这一时代也需要以同样的视角加以考察。

上一节提到，以 304 年成都王司马颖败北为契机，其帐下的南匈奴首领刘渊起兵自立。刘渊的动机是什么呢？最初就计划独立的同族刘宣在劝说刘渊起兵时这样说道："晋为无道，奴隶御我，是以右贤王猛不胜其忿。属晋纲未弛，大事不遂，右贤涂地，单于之耻也。"[1] "右贤王猛"是指晋武帝时代试图逃往塞外的同族刘猛，当时西晋国家的纲纪尚未松弛，所以刘猛的计划归于失败。

这一苦涩的经历是作为匈奴最高领袖的单于的耻辱，如今西晋正处在八王之乱中，这是上天要放弃晋朝啊。现在不正是复兴匈奴族、重建呼韩邪时代荣光的最佳时机吗？

由此看来，刘渊自立是带着复兴匈奴国家的明确目标的，这也意味着要从晋王朝的奴役中解放出来，但其间的具体情况还需要回溯到汉末。

如第一章所说，东汉初期匈奴的一部分向汉朝投降，被称为南匈奴。此后，南匈奴的最高领袖南单于对东汉皇帝称臣，东汉朝廷则设立使匈奴中郎将（后改称护匈奴中郎将）等官职进行监视。塞外时代的匈奴国家曾与汉王朝保持对等的地位，如今是一个巨大的转变，不过从匈奴各部仍由南单于统率这一点来看，他们依然具有一定的独立性。

但是，由于南单于承担着防卫汉朝边境的任务，常因兵役负担等原因与匈奴民众发生纠纷。单于在汉朝和部落民间两相为难，不是遭到杀害，就是被汉朝撤换。为此，南单于的权威

---

1 语出《晋书·刘元海载记》。

逐年下降。

进入 2 世纪后期，单于之位也发生了动摇。灵帝光和二年（179），中郎将张修与当时的南单于呼征不合，杀呼征后另立羌渠单于。然而，十几万匈奴民都反对羌渠的残酷兵役，最终攻灭了羌渠。后来，羌渠之子于扶罗继承单于位，但匈奴各部都不予承认，反而拥立须卜氏为单于。虽然须卜氏是匈奴名族之后，但单于之位转移到异姓手中也是前所未有，更何况须卜氏死后，单于之位一度出现空缺。当时正值东汉末年的动荡期，就在汉族社会内乱如麻的时候，南匈奴社会也从内部开始崩溃了。

屈辱的日子

曹操占领山西一带后，将匈奴各部落按照地域分割为左、右、南、北、中五部，从各部选出"帅"加以统率。部帅的手下设有汉人司马加以监视，五部全体则由护匈奴中郎将兼并州刺史（治太原）监督。南单于的称号虽然还在，但已经是没有任何实权的虚号了。

这样的分割统治经历曹魏后被西晋继承，这也反映出匈奴国家解体的极限。单于一族和须卜氏等匈奴贵族已经没有任何实权，于扶罗的孙子刘渊在青年时代就被作为人质送到了洛阳。

匈奴国家本身就是由部落制度组织而来，国家的解体自然会影响到部落生活，加速部落本身的瓦解。匈奴作为"少数民族"进入中原内地已经过去了几个世纪，部落结合也逐渐变得松散，特别是他们在经济竞争中无法与汉族抗衡，常常沦落为汉人地主的奴婢、雇佣、佃客等，处于隶属性的地位。

护匈奴中郎将的官府设在太原，当地就有买卖奴婢的市场。洛阳的贵族时常贿赂中将郎，把匈奴人买作奴婢。正是匈奴人的地位下降，支撑着魏晋贵族的奢侈生活。

后来建立后赵国的石勒（明帝，319—333 年在位）出身羯族（匈奴别种），少年时代的经历也非常辛酸，不仅平日里遭受汉人的欺辱，经济上更是贫苦不堪。八王之乱中，饥荒席卷了山西地区，他甚至下决心卖身为奴。最终，他被东嬴公司马腾的军队抓获，因军事调度被卖到山东地区成了奴隶。

刘渊举兵之时，南匈奴国家和社会已经走到了屈辱的顶点。这样的举兵绝不是利用内乱谋求利益，而是以复兴匈奴国家的荣光作为他们的目标。

胡汉二重体制

不过，匈奴国家的复兴并不是要回到塞外时代的国家。匈奴人在中原内地定居了几个世纪，他们的重建国家也必然是中国之中的匈奴国家。因此，这样的国家包含着匈奴的世界和汉族的世界，其实际构造又是怎样的呢？

在刘渊的继承人刘聪（刘渊之子，昭武帝，310—318年在位）时，汉国（后来的前赵）掌握了华北的两大据点——洛阳和长安。刘聪整备官制，在国家的中心地区进行如下的统治。

（1）设置左右司隶，各统领二十余万户，每一万户设置内史一人，合计四十三内史。

（2）设置左右单于，各掌握六夷十万落，每一万落设置都尉一人。

（1）以汉族为对象，因此以户为单位；（2）以六夷（匈奴、鲜卑、羯、氐、羌五胡，加上长江上游的巴蛮）为对象，因此以落（帐篷群）为单位。也就是对汉族和胡族采取不同的统治方式，这就是胡汉二重体制。

（1）和（2）全体的主权者是皇帝（刘聪），而不是单于。单于只是（2）这一限定部分的最高责任人，当时担任大单于的是刘聪的弟弟刘义。这样的体制在继任的刘曜（318—329年在位）和吞并汉国（前赵）的后赵时期，基本都是相通的。

由此看来，重建的匈奴国家与塞外时期以单于作为最高领袖的匈奴国家是很不相同的。胡族世界是其中的一部分，汉族社会也有所涉及，但整个国家的主权者是汉族式的皇帝。

实际上，胡族出身者是否有资格成为汉族式的皇帝，这对于五胡时代的君主而言是个大问题。刘渊在称帝时曾说："大禹出于西戎，文王生于东夷，顾惟德所授耳。"[1]由此解决了这一疑问。就这样，刘渊开创了胡族君主成为中华世界全体最高统治者的先例。

以前，汉朝世界帝国的皇帝是统合胡汉两个世界的主权者，但其实质自然是汉族具有压倒性的优势。五胡曾经地位低下，但如今的五胡国家以胡族为中心统合胡汉两个世界，创造出与以往截然相反的构造，这正是对汉朝世界帝国的构造加以扬弃的结果。

新世界帝国的胎动

不难想象，包含胡汉两个世界的新型国家在此出现了胎动。五胡十六国虽然是胡族各国分立抗争的时代，但从大局来看，政治统一的方向也在曲折中前进着。

石勒建立的后赵在消灭山西北部和河北北部的西晋系汉人势力后，统治了比前赵更广阔的领土，这是匈奴系国家的鼎盛时期。

接着登场的是鲜卑各部和氏羌两族。鲜卑本是中国东北、

1　语出《晋书·刘元海载记》。

兴安岭东麓的半农耕民族，伴随塞北匈奴势力的衰落，开始活跃在中国北部。鲜卑族与中华文化的接触不断加深，其间西晋时期移居避难的汉族士大夫起到了重要作用。

鲜卑各部不像匈奴、氐、羌那样处在汉人王朝的统治之下，而是从中原外部向内地入侵，这一过程中也有胡汉两个世界的接触。

从中国东北南侵的鲜卑部落中，最有力的是慕容部。他们与同为鲜卑系的宇文部、段部以及高句丽、扶余交战，称霸辽东地区。4世纪中叶，慕容部趁着后赵内乱南下河北平原，终于建立了中原王朝前燕。

前燕平定了华北东部，又试图西进，但被定都长安的氐族前秦所阻。加上宗室之间发生内乱，前燕于370年被前秦吞并。

继后赵之后第二次统一华北的就是前秦，当时正是一代明君苻坚（宣昭帝，357—385年在位）的治世。苻坚还成功平定了西域和四川，开创了五胡时代最为安定的时代。《晋书·苻坚载记》这样记载当时的盛况：永嘉之乱以来，学校彻底荒废，苻坚关心儒学，任用名臣王猛（汉族）整肃世间的道德，因此，国家安定，民生富足，长安到各州的道路两侧都种着槐树和柳树，又根据距离设置了驿站，旅行者可以安心出行，工商业者能够在路边经营。[1]

　　苻坚即位约二十五年后，终于将征服江南提上了日程。然而，近百万的南征军队在淮河下游的淝水大败于东晋军，南下的计划遭受挫折。自此以后，以淮河为国境的南北对立形式固定了下来。

　　淝水之战的失败成了前秦国家瓦解的直接原因。华北东部再次归慕容部所有（后燕），西部则有羌族姚氏建立的后秦王朝。华北的第三次统一是由鲜卑拓跋部建立的北魏完成的，我们留待下一节叙述，总而言之，北魏的统一要比前两次具有更强的稳定性。

五胡国家的极限

　　如上所说，即便在五胡的混乱时代，中国重新统一的步伐也在有力地前进着。至于每个国家，终究还是过于短命，往往在灭亡期出现的无休止的混战中走向崩溃。这样的弱点从何而来呢？让我们重新关注五胡国家的构造。

　　五胡国家没有出现过度压迫汉族的迹象，特别是对于汉族

1　语出《晋书·苻坚载记上》，原文为："自永嘉之乱，庠序无闻，及坚之僭，颇留心儒学，王猛整齐风俗，政理称举，学校渐兴。关陇清晏，百姓丰乐，自长安至于诸州，皆夹路树槐柳，二十里一亭，四十里一驿，旅行者取给于途，工商贸贩于道。"

的贵族阶层，往往采取尊重和拉拢的政策。比如石勒严禁胡族侮辱汉族贵族，前秦和后燕还复活了魏晋时代的贵族户籍。不过，我们不能因为上述事例就把这些国家都视作贵族国家。

不可否认，五胡国家终究具有浓厚的民族中心的色彩。从前后赵、前后燕中都可以看到，胡族通常都会组织国家军队，然后分配给宗室诸王。这样的构造会让人联想起西晋时期的军事结构，但其起源更多应当追溯到游牧民族特有的军事体制。即游牧民族将部落的成年男子全部编入军队，由支配该部族的单于一族或者贵族统领。五胡国家以部族国家的复兴作为旗帜，将原有的部族军事体制直接作为国家的轴心。

这些王朝之所以短命，大多是因为拥有军队的宗室间发生内乱。这样的体制在建国时能够发挥威力，而一旦成功建立起统治，就会围绕权力发生纠纷，形成难以收拾的事态。特别是作为中原社会的统治者，有各种各样的机会获得利益，同族间的团结因此被削弱。

这样的国家体制之所以薄弱，是因为依靠着宗室的血缘关系。胡族国家想要君临中国世界，就必须运用更加高级的原理将国家组织起来。在这一点上，苻坚不拘泥于民族的血缘主义，而是试图基于更加普遍的原理进行国家建设。苻坚所依据的就是道义的精神，但这并没有被确立为体制，仅仅是空中楼阁而已。

三　北魏称霸华北

部落解散

北魏是鲜卑族拓跋部建立的国家，其出发点与其他五胡国家并没有不同。但是，北魏在 5 世纪前期先后消灭河北的后燕、陕西的夏国（匈奴系）、辽东的北燕（汉族冯氏）和甘肃的北凉（匈奴系），为五胡纷争的局面打上了休止符，此后享国一个半世纪，其间必定是有充分理由的。

从《魏书·序纪》记载的开国传说推测，拓跋部本在兴安岭东麓，后来翻越险峻的山脉，移居到内蒙古一带。自那以后，拓跋部君临于其他塞外部族之上，建立起以拓跋部为中心的部族联合国家。

虽说是国家，但其实只是基于部族独立性的松散联盟，随着局势时分时合。然而不可否认的是，在这样的分合反复中，王权不断得到加强。将亡命的汉人贵族接收进入政权，更加速了这样的倾向。

王权和部族制度间存在矛盾关系，当王权加强时，部族制的地位就会相对下降。拓跋部的首领猗卢曾在永嘉之乱后响应晋朝的求援而出兵，因战功获封为代国公，以山西北部作为封邑，在盛乐（内蒙古）、平城（山西）等地筑城，迈出了统治中原的第一步。然而，猗卢因重用汉人和非鲜卑系的部族而招来鲜卑各部族的不满，引发了代国政权的崩溃。

随后出现的明君就是什翼犍。他致力于调和各部族与王权的关系，将部族大人的多数子弟都封为王的"左右近侍之职"。

到什翼犍的孙子拓跋珪的时代，他推行了一项划时代的政策，那就是瓦解部族制度。这一改革通常被称为"部落解散"，解散后的部族只能依附在固定的土地上，不得随意移动。同时，此前统领部族的"君长大人"被剥夺统帅权，他们与一般部民一样成为国家的臣民。

关于实行部落解散的年代，由于存在诸多问题而无法确定，但应该是在代王国转变为北魏帝国的过程之中。总之，从国家层面而言，这意味着从部族联盟向统一帝国的发展。以往通过"君长大人"接受所谓间接统治的部族成员，此后都直接隶属于皇帝的权力。

话虽如此，改革的理念与实际并非完全相同。为了实行部落解散，必须出台代替性的措施。作为掌握解散后部族成员的机关，北魏又设立了八国（也称八部），分别任命一名八部大夫。八国其实是为旧部族成员设立的特别行政机关，留有奖励农耕和征发军需品的痕迹，这一点与汉族的郡县对应。同时，为缓和旧"君长大人"的不满，二千多人都被授予爵位。再者，为了给作为帝国臣民的他们提供仕途，八国中设置了大师和小师调查才能和德行，相当于九品官人法的中正官（州大中正和郡中正）。就这样，部族制被改造成了官僚制。

征服战争

八国制后来缩减为六部，然后又改为四部制，这也暗示着面向旧部族成员的特殊行政措施逐渐走向废止。但要说他们完全与汉族社会同化了，那也并非如此。

如果先说结论，部族制虽然解体了，但部族制承担的重要机能，即作为战斗共同体的机能，被沿用到了帝国体制之中。他们作为北魏国家军队的荣誉战士，活跃在四周的征服战争之中，他们所属的军团与汉族行政区的郡县有所不同，这一点引发的政治问题将在下一章中讲述。总之，部落解散之后，旧部族成员作为士兵服务于国家，这反映出北魏作为胡族国家的性质，同时也意味着比起其他五胡国家的分权性军事体制，北魏朝着统一的方向更进了一步。

从初代皇帝拓跋珪（道武帝，386—409 年在位）到第三代拓跋焘（太武帝，423—452 年在位）时期，是北魏通过军事力量巩固华北政权的时代。道武帝首先平定长城附近的匈奴系各部，接着从山西入侵河北，击破了定都中山（河北）的后燕，他的治世使北魏具备了作为帝国的威严。但是，晚年的道武帝日趋独裁化，他杀害了众多功臣，最终死于其子清河王拓跋绍的手中。

道武帝死后，国内出现动乱，原本解散的部族成员集结在旧大人的周围，由此可见道武帝的激进政策引发了各种各样的矛盾。继任的明元帝（拓跋嗣，409—423年在位）致力于缓和内部矛盾，没有令人瞩目的对外发展。

第三代太武帝的治世又是新的飞跃。他先后平定夏国、北燕、北凉，五胡十六国时代至此画上了句号，华北的大部分地区都是北魏的领土。

徙民政策

上述的征服战争都有一个特点，那就是平定敌国后会实行所谓的徙民政策。比如，北魏降伏后燕时，将汉族和胡族合计三十六万人以及手工业者十万余人，强制从中山迁往首都平城（山西）。太武帝灭亡夏、北燕、北凉时，也将数千乃至数万的敌国人口进行了迁徙。被强制移居的人们称为徙民，移居的场所多半都在平城周边。那里绝不是生产力发达的地方，徙民们虽然获得了农具，还依据人口分配了田地（计口授田），但不难想象他们的生活依旧充满艰辛。

关于北魏推行这一政策的原因，有着各种各样的争论。特别是关于徙民的身份，有人主张具有奴隶性质，有人则认为不是奴隶，但和曹魏屯田民一样，是不同于郡县居民的国家直营地自耕农。我认为，无论徙民的实质是什么，他们在法理上是与一般郡县居民同等对待的，因为徙民的移居地中存在新设郡县的例子。

早在太武帝初期，在平定名为郁原的匈奴系民众叛乱后，一千多家余党被移居到首都附近的桑干河流域，在此设立了平源郡。但更有名的是第五代献文帝（拓跋弘，465—471年在位）时期设置的平齐郡。

齐是指今天的山东地区，当时黄河南岸的地区处于南朝刘宋的影响之下。由于宋朝[1]宗室间发生内乱，当地贵族分裂后相互争斗，献文帝趁乱进兵，将山东至淮河北部的广大地区收入手中。当时，抵抗北魏军的数百家山东贵族都被移居到桑干河畔，在此设立了平齐郡。

平齐郡由归安县和怀宁县这两个县组成，徙民中的主要人物被选拔任命为郡太守和两县的县令。

是否所有的徙民都如上述两例那样编入了郡县，这一点还

1　本书中不加特殊说明的"宋朝"都是指南朝时期的刘宋，下文不再一一说明。

无法断言，但北魏政府对待徙民的政策由此可见一斑。北魏政府的主要目的似乎并不在于将徙民作为直属国家的隶属民，从中获取他们的劳动成果，而是将敌对势力的核心部分从当地脱离出去，由此实现彻底瓦解旧敌的意图。

《征士颂》

5世纪后期，北魏的版图急剧扩大，与汉族社会的接触也有了质和量的上升。为了获得与中原王者相匹配的威仪，北魏必须如五胡各国那样，对汉人贵族加以怀柔和利用。道武帝时期，清河郡的名族崔宏深受皇帝信任，投入到了国家体制的整备之中。

崔氏代代出仕后赵、前燕等五胡国家。永嘉之乱后，逃往江南出仕东晋南朝的贵族不在少数，但崔氏坚守胡族治下的乡里，与不断更迭的政权保持着接触。崔宏曾出仕前秦和后燕，道武帝讨伐后燕时早已听闻他的名声，于是将他招入麾下从事制度的整备。

崔宏之子崔浩（381—450）出仕道武、明元、太武三朝，深受信任，特别是在太武帝时代的征服战争中，他的计策屡屡成功，立下了辉煌的战功。

神䴥四年（431），太武帝下旨征召河北、河南、山东、山西（当时统称为山东）的数百位名士入朝为官，也就是把范阳卢氏、博陵崔氏、赵郡李氏等拥有社会势力的贵族之家，全部纳入北魏政权之中。这样的政策很可能是由崔浩提议的，当时负责征召的渤海高允（390—487）后来创作了《征士颂》，记录下堂堂山东贵族们进入北魏朝廷的盛况。这样的盛况似乎证明，北魏已经转变成为以汉人为中心的贵族国家。

崔浩恐怕就有这样的错觉，他竭力将贵族制度导入北魏国家，先前征士之一的卢玄曾劝告他为时尚早，但崔浩没有听从忠告，最终引发了笔祸。

国史事件

这就是著名的国史事件。事情的经过是这样的，崔浩是北魏国史编纂的负责人，阿谀他权势的汉族官僚将国史的文章刻在岩石上，放置在十分显眼的路旁。但是，国史的记载过于直白，有些不宜触及的事件也都秉笔直书，由此引发了一场骚乱。崔浩遭到告发后最终被处死，而且还连累到他的姻亲，范阳卢氏、太原郭氏、河东柳氏等名族都付出了牺牲。

众所周知，中国的历史记叙精神就是不受权力影响，对帝王的一切行为都秉笔直书。这一精神在魏晋以后以各种形式得以制度化，比如记录皇帝每日言行的起居注制度得以确立，还有设立著作郎和著作佐郎等专门编纂历史的职务，对于贵族来说都是非常荣耀的官职，这些都是魏晋以后出现的情况。崔浩等人从事北魏国史的编纂时，恐怕也是基于历史撰述应当独立于皇帝权力的汉族式理念。然而，胡族出身的统治者无法理解这一点，进而发生了上述的悲剧。

这一事件说明，当时的北魏帝国仍然残留着浓厚的胡族国家色彩，但其后的帝国发展仍必须对国家体制加以探讨。献文帝时，北魏获得了山东和淮北地区，国家领土中南方地区的比例上升。换言之，这就意味着汉族社会的比重扩大了。直面这一问题的是接下来的孝文帝时期，我们将在下一章中进行讨论。

第四章　贵族与国家

一　汉化政策

孝文帝与文明太后

　　北魏孝文帝的治世之所以著名，是因为均田制、三长制等日后纳入律令的重要措施都是在这一时期创立的。不仅如此，这也是禁止胡族语言和风俗、改胡姓为汉姓、奖励汉族和胡族通婚，即实行汉化政策的时代。不过，这两大系列的政策在施行时间上略有不同，前者集中在太和十年（486）前后，后者从太和十八年（494）左右开始推行。

　　太和十年时，作为皇帝监护人而掌握实权的文明皇太后冯氏依然在世。文明太后原是文成帝的皇后，她是一位热情奔放的女子，据说文成帝驾崩时，她曾想投火自杀，追随文成帝而去，幸好被左右救下。接着即位的献文帝并非文明太后亲生，当时胡族人乙弗浑掌握了权势。太后设计诛杀乙弗浑，由此把持了献文帝的朝政。上一章提到的征服山东和淮北，也是在太后的指挥下进行的。

幼年即位的献文帝成人后，与太后之间出现了不和。他把皇位让给皇太子拓跋宏后不久就去世了，有人推测这是太后下的毒手。

孝文帝（拓跋宏，后来的元宏，471—499年在位）即位时刚满四岁，理所当然由太后作为监护。太和十四年（490）太后驾崩后，孝文帝才开始亲政。当时的孝文帝已经二十四岁，此后实行了一系列的汉化政策。

从上面的经过中可以看出，均田制、三长制和各项汉化政策是不同的掌权者发布的，因此其意图应该区别看待。

均田制的源流

均田制是太和九年（485）时基于汉人官僚李安世（443—493）的建议而创立的。十五岁以上的男子获得露田（口分田）四十亩（约二公顷）和桑田（世业田）二十亩，对于妇人、奴婢和牛则授予规定份额的露田。露田需要在年老或死亡时返还，桑田则无须归还，但必须种植桑、枣、榆等植物。这是北魏均田制的基本内容，众所周知，后来北齐、北周、隋、唐等王朝都继承并发展这一政策。

关于均田制的历史意义何在，学界存在众多的分歧，难以下一定论。不过可以肯定的是，从土地制度史的谱系来看，作为均田制最大要点的授田制度，恐怕是起源于三国时期曹魏的屯田制度。大土地所有和农民无产化的倾向从西汉时期就已经显现，当时的政府试图限制拥有土地和奴婢，但没有获得成功。王莽的强硬政治就是要贯彻实行这一限制，但随着王莽政权的倒台，此后的政府都已无能为力，整个社会都沉浸在私权化的趋势之中。

从这一意义而言，给无产农民授予土地的屯田制是一项划时代的政策，一度分离的土地和农民（劳动力）重新组合在了一起。不过，屯田制只在社会的特定部分实行，并非覆盖全国的制度。西晋王朝建立后，改屯田制为课田制，另一方面实行限制大土地所有的占田制，试图从土地配给和所有限制两个角度解决问题。

均田制将占田制和课田制进行组合，意图建立更加普遍的农村体制。这里的基本原则就是将农业劳动力和耕地合理地连接在一起，借提议者李安世的话来说就是"力（劳动力）业（土地）相称"。这一状态的实现，需要通过农民各自拥有自家劳动力所能耕种的土地，经营自给自足的生活，有点接近于中国执政者理想中的井田法。民众由此获得了安定的生活，剩余的产物作为租税纳入国家仓库，以维持政府机关的运转和应对饥荒。

共同体世界的法制化

然而，大土地所有的发展破坏了这样的社会图景。一面是被独占的土地，另一面是失去劳动场所的劳动力。两者通过私有经营结合起来的部分只占很小的比例，而且大土地所有制下的土地大多是用于建设庭院、栽培珍果等非生产性的奢侈生活。如此，不仅农民的生活和政府的收入都得不到保证，整个社会的基本财富生产也会出现倒退，失去了应对天灾和人祸的能力。

李安世所担忧的正是这样的事态。当北魏政权建立，和平得以保障时，大土地所有的倾向就开始抬头，此时的导火索就是宗室、宦官等政府掌权者不断膨胀的欲望。

如第二章中所说，这一时期的新型共同体世界建立在个人道德的基础之上，以此不断超越将社会分解为私有因素的趋势。由此看来，均田制正可以理解为将这一共同体世界用法制的形式和国家的规模加以实现。提议者李安世是名族赵郡（河北）李氏出身的气节之士，他的士大夫精神在此起了重要的作用。

三长制在李冲（450—498）的建议下实行，也是将农民的聚落组织合理化。此前，地方领袖被指定为"宗主"，对自治性质的农民加以保护，如今则依据户数改编成邻保、村落等组织。五家为一邻，五邻为一里，五里为一党，邻、里、党分别设长官，具有各家连坐、制作户籍、征收税役等功能，也就是宗主制的合理化。实行三长制的同时，租税制度也进行改革。民众起先还对改革抱有疑虑，改革后负担减轻到不足十分之一，人心得以安定。

总而言之，均田制和三长制都是为了安定自耕农的生活，这是国家的基础所在。由此，统一帝国的基础越发稳固，后世王朝不断继承和发展的原因正在于此。不过，汉化政策的意向却有所不同。

门阀还是贤才？

太和十九年（495）左右，孝文帝曾询问大臣："近代以来，官位的高低往往由门第决定。朕有时认同这一做法，有时又反对这一做法，请大家加以审议。"[1] 换言之，孝文帝在询问门阀主义的官制是否合理。对此，上述的李冲、李彪、韩显宗等人都认为官吏任用应当坚持贤才主义。但孝文帝的本意似乎更倾向

1　语出《魏书·韩麒麟附韩显宗传》，原文为："自近代已来，高卑出身，恒有常分。朕意一以为可，复以为不可。宜相与量之。"

于门阀主义，他说道："如果此人具备特别的才能，必定会受到众人的推崇。贵族出身的人即便对于实际政治无用，也终究有着纯良的品行。因此，朕想把门第作为基本原则。"[1]

于是，孝文帝以门阀主义的思想任用官员。当时的诏书中说道："我国自平城时代起就是临时设立制度，因此没有永恒的大典。……现在仍然崇尚质朴的建国精神，因此没有清官和浊官的区别，没有君子之官与小人之官的差异。这样不好，今后设立九等的士人之官和七等的小人之官。有特别的贤才可以提拔为三公，但不能因为特例而破坏制度。"[2]

孝文帝在太和十七年、太和十九年、太和二十二年到二十三年进行了三次官制改革，上文的诏书是有关于太和十九年改革令的。太和十七年前的北魏官制中没有清官和浊官、流内官（君子之官）和流外官（小人即庶民之官）的区别，太和十九年的改革中才初次创立。所谓清官和浊官的区别，是指同一官品的官职中，也有为名族子弟设立的职位和普遍人的职位，两者以清和浊加以区别。流内和流外的区别，则是将贵族身份的官制和庶民身

---

1 语出《魏书·韩麒麟附韩显宗传》，原文为："苟有殊人之伎，不患不知。然君子之门，假使无当世之用者，要自德行纯笃，朕是以用之。"
2 语出《魏书·刘昶传》，原文为："我国家昔在恒代，随时制作，非通世之长典。……当今之世，仰祖质朴，清浊同流，混齐一等，君子小人名品无别，此殊为不可。我今八族以上，士人品第有九，九品之外，小人之官，复有七等。若苟有其人，可起家为三公。正恐贤才难得，不可止为一人，浑我典制。"

份的官制用不同的体系加以区分。总之，身份上的贵贱被带入了官制之中。

姓族详定

采用这样的官制，表明孝文帝把门阀制度作为北魏统治制度的基本原理。但是，魏晋以来贵族制发达的汉族社会姑且不论，对于胡族出身者而言就成了大问题，因为胡族社会的贵族制度尚未成熟。此时将贵族制引入胡族社会的就是姓族详定。

根据太和十九年的姓族详定诏，首先将建国以来堪称元勋的穆、陆、贺、刘、楼、于、嵇、尉等胡族八姓确定为相当于汉族四姓的门第，他们的子弟不得随意任命为浊官。对于八姓以外的胡族，则依据是否为部落大人的家系或父祖官爵的高低，高位者定为"姓"，次位者定为"族"。"八姓""姓"和"族"，就是胡族社会中贵族身份的象征。

对于汉族，上文说的"四姓"是最高的家格，"四姓"的含义并不清楚，一般认为是指清河崔氏、范阳卢氏、荥阳郑氏、太原王氏等山东四姓。孝文帝为诸皇子迎娶"四姓"中卢氏、郑氏和陇西李氏的女儿，鼓励胡汉间实行通婚。

孝文帝整备贵族制度，希望全面实施九品官人法。九品官人法在五胡各国也有实行，但北魏中正官的任务仅限于州郡属官的人事，改革后才开始接手中央的官职。

通过一连串的改革，所谓汉化政策的含义非常明显，就是将胡族的官人全部改造为汉族式的贵族，这也意味着胡汉统治层统合成为汉族式的贵族制度。考虑到五胡时代以来的双重体制，乃至东汉魏晋时期对胡族的歧视政策，这着实是一个巨大的飞跃。

走向贵族制国家

这不仅是孝文帝的个人喜好，也是一种必然的趋势。随着北魏帝国的重心南移，必须用超越民族主义、更具普遍性的原理重新编制国家。也就在此时，孝文帝不顾胡族的强烈反对，厉行迁都洛阳，当时的诏书中说道："现在的国都平城虽是用武之地，但不适用于文治，对于移风易俗甚为不利。"[1]所谓移风易俗，就是用文明代替非文明。北魏想要成为真正的中原王者，就不能拘泥于民族血统，必须以更高级的原理整合国家。对于孝文帝而言，那就是贵族制度。

北魏与南齐一决雌雄的日子越来越近，国家军队的精锐源源不断从北方进入与南齐接壤的地带。不仅是军事力量，北魏作为文化国家也必须达到更高的水平。为了达到这个目的，即

---

1 语出《魏书·任城王传》，原文为："此间用武之地，非可文治，移风易俗，信为甚难。"

便学习南朝的文化也在所不辞。就在此时，刘昶和王肃从南朝逃到了北魏，刘昶属于宋朝皇室，王肃则出身南朝第一名族的王氏。孝文帝十分信任他们，通过他们吸收南朝的知识。宫崎市定[1]指出，上文提到的清浊之分和流内流外之分，其实都是从南朝官制中吸收而来的（《九品官人法研究》，东洋史研究会）。如此看来，北魏国家转变为贵族制国家，必须通过与南朝各国同质化的方法实现。在此，且让我们把目光转向江南。

二 江南王朝的命运

南朝贵族制的起源

如果说北魏孝文帝的门阀主义官制大多源于南朝的制度，那么南朝的制度又是如何形成的呢？

从官有清浊之分、流内和流外官的位阶分成不同体系来看，官制中带有强烈的身份阶层制度色彩。但与此同时，贵族内部也有各种各样的等级，官僚中也有从庶民阶层发展而来的人物。一言以蔽之，贵族制的完成一方面孕育了各种内部矛盾，另一

---

1 宫崎市定（1901—1995）：日本著名东洋史学者，京都大学名誉教授，第二代京都学派的核心人物，在中国史研究的多个领域都有杰出贡献，著有《宫崎市定全集》25卷。

方面非贵族的因素也在悄悄抬头。南朝时代正是贵族制完成和变质的时代，但为了说明这一点，我们必须先从此前的东晋时代讲起。

东晋王朝的创立者司马睿（元帝）是西晋宗室的一员，八王之乱中受东海王司马越的任命镇守江南地区。西晋灭亡后，司马睿以建康（今南京）为都城开创了新的王朝。此时作为元帝的宰相大展身手的，就是琅邪郡（山东）名族出身的王导（276—339），他巧妙联合了永嘉之乱的落难贵族（一般称为北来贵族）和江南的土著豪族，为新政权打下了基础。

在汉文化的影响下，江南地区也豪族辈出，三国时代的孙吴政权就有众多土著豪族的支持。孙吴灭亡后并入西晋王朝，建康就是孙吴的都城建邺，东晋利用了当地的土著势力。但要说土著豪族与北来贵族享受着同等的待遇，那也并非如此，不如说是在北来贵族优势地位的基础上联合了土著势力。土著豪族也无法摆脱面对北来贵族的自卑感，南北两大统治阶层结成了上下级的关系。

收复中原的志向

东晋王朝最重要的目标就是夺回北方的领土，把都城重新迁回洛阳。北来贵族刚到江南时，常常一有闲暇就举行宴会。

有一次，周颛（269—322）在宴会上感慨道："风景依旧，山河形势却不同于北方啊！"[1]众人都流下了眼泪。这时，王导站起来大声斥责道："如今正当拱卫皇室、收复中原之际，怎能像被敌人俘虏般哭哭啼啼？"[2]众人纷纷起来致歉。来自华北的人们根据其乡里设置了侨州、侨郡和侨县，借此表明他们不属于当地州郡，总有一天会回到北方去。

想要实现这样的志向，首先必须具备强有力的军队，但对于刚建立的东晋王朝来说，唯一的军事力量就是来自北方的难民集团，也就是第二章中提到的祖逖、郗鉴等人领导的集团。祖逖曾力劝元帝收复中原，亲自率领军团在淮河流域与石勒的军队交战，他联合当地数量众多的坞堡集团，享有崇高的威望。最终石勒放弃了南进，转而经营北方地区。

北府和西府

郗鉴集团原本在山东地区自卫，后来被迫南迁，在长江南岸的京口和隔江相对的广陵负责建康的防务，这就是北府军团的基础。军团的士兵获赐土地和住宅，他们大多来自兖州（山

---

1 语出《世说新语·言语第二》，原文为："风景不殊，正自有山河之异。"
2 语出《世说新语·言语第二》，原文为："当共勠力王室，克复神州，何至作楚囚相对？"

东）和徐州（江苏），因此在当地侨置了兖、徐二州，由军府的长官兼任刺史。

北府是设立在首都建康门口的军团，长江中游的荆州还有西府。荆州西连四川，又是连接华北西部的要地，孙吴和蜀汉曾在此地展开激烈的争夺。不过，西府的地点有时在江陵（湖北），有时在武昌（湖北），并不是固定的。

这个地区也有来自华北和四川的流民集团，引发了各种各样的矛盾，王导的从弟王敦（266—324）前往镇压时，曾向当地的土著豪族寻求合作。由于统治范围过大，建康政府鞭长莫及，西府军的长官俨然形成一股势力，与建康政府的平衡很容易被打破。王敦也不例外，他一度沿江而下进逼都城，但最终还是被平定了。

后来担任西府军长官的是桓温（312—373），他消灭氐族国家成汉，将四川收入囊中，接着又起兵北伐，一度夺回了洛阳，名声显赫一时。终于，桓温试图夺取东晋政权，结果失败而亡。尽管如此，此后的西府一直掌握在桓氏手中。桓温的弟弟桓冲抵御了前秦的南下，桓温之子桓玄（369—404）也曾顺江而下攻入建康城，取而代之建立了楚王朝。

由此不难看出，本应守卫国家、收复失地的西府军，结果却常常成为国家的威胁。与之对抗的自然就是北府军，在两者的相互作用下，东晋王朝逐渐走向了灭亡。

独立的军队

在此之前，在淝水打败前秦苻坚近百万大军的其实就是北府军。当时的长官是谢玄，是当时宰相谢安（320—385）的侄子，谢氏是与王氏齐名的超一流贵族。功勋显赫的北府军在维持国内治安方面也有令人瞩目的功绩，比如它镇压了长江下游信奉五斗米道的民众叛乱。东晋末年，叛乱的首领孙恩率领水军溯江而上威胁都城，北府兵的队长刘裕（宋武帝，420—422年在位）将其击退至海岸，孙恩投海而死。

上文所说的桓玄占领都城，也是以讨伐孙恩之乱作为借口。桓玄立足于西府，建立新政府后，自然将北府视作眼中钉。于是，桓玄杀害北府诸将，试图对军团实行分割统治。刘裕等北府武将愤然起兵，最终消灭了桓玄。

刘裕在复兴东晋王朝的同时，还平定了继承孙恩的卢循叛乱。更重要的是，他消灭了作为后燕残余的南燕以及后秦，夺回了洛阳和长安两座都城。这是东晋王朝百年历史中前无古人的伟业，刘裕以此作为跳板，取代东晋建立了宋王朝。

晋宋交替不仅仅是王朝更迭。梁代沈约在撰写的《宋书·武帝本纪》开头说道："（刘裕）彭城县绥舆里人，汉高帝弟楚元王交之后也。"将刘裕的家世定为汉室后裔。这当然是可疑的,刘裕本身就是名不见经传的军人而已。换言之,贵族以外的所谓寒人成了王朝的主宰者,这与作为贵族政权的晋王朝有着巨大的差别。不仅如此,宋之后出现的齐、梁、陈都是由不属于名族的武将建立的,从中不难看出从两晋到南朝发生的质变。那么,这一变化的基础是什么呢?

线索之一是军事力量的存在形式。东晋军团的统帅是祖、郗、王、谢、桓等家族,他们都属于北来贵族。换言之,东晋的军事力量是由贵族直接掌握的,贵族阶层既是有教养的文官,同时也是实质性的将军。但到了东晋末年,军团从贵族的手中脱离,出现了交由职业军人统率的倾向。最显著的例子就是北府,淝水之战时指挥北府的还是谢玄,此后就转移到世代军人的刘牢之手中,挫败桓玄野心的刘裕等人都是刘牢之的旧部。

贵族制统治的嬗变

这一动向关系到宋王朝的建立,军队已经脱离贵族的掌控,出现了明显的独立倾向。换言之,当时被称为寒门或寒人的下层贵族和庶民阶层,以军队作为突破口,逐步登上了政治的舞台。

这一点在南齐萧道成(高帝,479—482年在位)、梁朝萧衍

（武帝，502—549 年在位）、陈朝陈霸先（武帝，557—559 年在位）建立新王朝的过程中也是一样。根据安田二郎[1]的研究，萧道成起兵的淮阴（江苏）和萧衍起兵的襄阳（湖北）都是与北魏对峙的前线，他们利用当地军事长官的地位，联合土著豪族形成了革命的军团。

这些豪族阶层原本是中原的贵族，永嘉之乱后南迁定居。但是，他们的移居时间较晚，遭到了以王、谢为顶点的建康上流社会的排斥，被视作寒门。他们只能依靠自己扩张势力，或是作为土著豪族扎根农村社会，或是作为武将活跃于对抗北朝的边境。

寒门、寒人所包含的社会阶层很广。从安田氏分析的土著豪族到一介庶民，其间的成分多种多样。当他们通过军事力量进入政界时，贵族制本身也出现了重大的变化。

贵族之所以成为贵族，不仅仅在于军事力量。贵族能够将超脱日常的现象世界——国家本身也属于这个世界——将本质世界体现在自己的人格之中。这样的内在权威使他们和他们的家门变得高贵，帮助他们拥有社会领袖的地位。东晋时代的贵族之所以掌握军队，其实也是这一内在权威的产物。

1　安田二郎（1939—2018）：日本东洋史学者，东北大学教授，专攻中国六朝史，代表作有《六朝政治史研究》等。

因此，即便南朝时期的军队脱离了贵族，贵族的地位也不会立刻崩塌。但值得注意的是，他们对社会的掌控力不再是全方位的了，军权从贵族的掌控中独立出来，国家建立在贵族阶级和军队各司其职的基础之上。这是贵族制度的一大倒退，但如果换一个角度，也可以说是贵族制度的纯粹化和发展。在此层面上，南朝文化得以开花结果，这一点留待下一节论述。这里需要说明的是，贵族阶级的权威直到后来都是不可缺少的，他们作为王朝正当化的旗帜继续存在着。

禅让的形式

比如，在王朝交替（易姓革命）的时候，会采用禅让的形式。禅让是指天命已去的王朝将政权转交给重新接受天命的王朝，它由几个阶段的仪式组成。首先，现任皇帝为奖励将来的新皇帝而授予九锡（九种赐物），赏赐其作为王的大片封邑。这就是人臣的最高地位，事实上已经掌握了与皇帝相当的权力。经过这一阶段后，旧皇帝就会下诏禅位。其间，新皇帝必须多次推让，文武百官则要积极劝说新皇帝接受禅让（劝进）。这样的程序重复多次后，新皇帝终于接受了禅让，举行即位仪式。

这样的仪式十分烦琐而且虚伪，但作为认可新王朝正当性的手续，仍具有重要的意义。各项仪式都必须做成文书，表明当事者的意向，如九锡文、禅代文、劝进文，以及报答文等，一般会由朝中有文采者起草。据说在晋宋交替之际，东晋的恭帝（司马德文，418—420 年在位）一边抄着拟好的禅让诏书，一边自言自语道："桓玄的时候天命就已经变了，多亏刘裕又延长二十年，如今是没有办法了。"[1]

受禅的程序得以进行，就意味着新皇帝获得了贵族阶层的承认。晋宋革命时的王弘，宋齐革命时的王俭，齐梁革命时的王亮和王志，还有梁陈革命时的王通和王场，都或在暗地里推动程序，或在台面上亲自执行仪式。他们都是王导的子孙，常常会被比作为日耳曼君主加冕的罗马教皇。

贵族阶级的这一作用源于他们自身拥有的权威，无论多么强大的权力，如果没有当时的权威使其正当化，都是难以成功的。因此，即便贵族阶级实际上没有任何权力，但只要他们是权威的体现，就拥有牢固存在的理由。尽管与军事力量作为后盾的国家权力间存在种种裂痕，贵族制从大局而言正是起到了这样的作用，军队的脱离不妨视作贵族制深化和发展的结果。正因为如此，南朝的国家权力终究还是拥护贵族制度的机关。

建国后经过一段时间，贵族阶级就会迎来与新王朝的蜜月

1　语出《宋书·武帝本纪中》，原文为："桓玄之时，天命已改，重为刘公所延，将二十载。今日之事，本所甘心。"

期。宋文帝（刘义隆，424—453 年在位）的元嘉年间和齐武帝（萧赜，482—493 年在位）的永明年间都是这样的例子，由于文物制度完备，被后世称为元嘉之治和永明之治。梁朝的武帝时代，总体来看也是这样的情况。

这就意味着军阀国家的变质，也就是从武力国家到文化国家的蜕变。此前支撑着武力国家的各个阶层遭到排斥，门阀得势的时代卷土重来。然而，这也带来了王朝的弱化，国家权力在贵族面前失去了独立性和主体性，沉醉于绚丽多彩的文化之中。

另一方面，门阀主义的固定性和封闭性带来了社会的停滞。西晋时期就开始担忧的"上品无寒门，下品无势族"，到东晋南朝以后越发显露出来。"士庶之际，实自天隔""士庶区别，国之章也"，这些强调士庶区别的话都被公然挂在嘴边。在这样的氛围下，无论贵族还是非贵族，都对政治失去了兴趣。

要怎样打破这样的停滞呢？在此登场的就是恩倖。他们大多是出身低贱的寒人，凭借武勇或者运气成了皇帝的左右，受到宠任后开始玩弄权势。皇帝本身也对徒有虚名的高等贵族官僚心生厌恶，却对体贴而且忠诚的恩倖信任有加。但是，恩倖与皇帝的结合会导致权力的滥用，东晋的宗室会稽王司马道子、宋朝的后废帝（刘昱，472—477 年在位）、南齐的东昏侯（萧宝卷，498—501 年在位）等，这些王朝末年的暴君行为都是典型的例子。

这样的胡乱掠夺引发民众的疲惫，贵族和官僚常常受到杀戮的威胁，加剧了政治上的不安。但是，贵族制和恩倖政治本身就是当时历史的两个侧面。极端来说，当时的贵族制度才是产生恩倖政治的真正原因。国家权力与贵族阶级相互独立又相互补充，这样的关系才产生了恩倖政治。

这样的困境要如何化解呢？历代的王朝革命给这个问题提供了一条线索。如前文所说，支持齐梁革命的正是属于寒门的江北土著豪族。

土著豪族具备着中央上流贵族不断丧失的地域领袖的品质，借用安田氏的表述，他们在"与现实乡里农村社会的紧密关联中，塑造了自身应有的姿态，以此作为追求的秩序"。换言之，魏晋时代的田畴和庾衮，或者祖逖、郗鉴等人所展现出来的领袖品质，在他们身上得到了保留。总体而言，他们兼备教养和将才，堪称文武双全的豪族。土著豪族在日常生活中与民众接触，拥有作为领袖的各种能力，这样的人格正是贵族制的原点。如此看来，贵族制度的本来面貌其实是由中央贵族眼中的寒门彰显的，南朝国家也是由他们支撑起来的。

经过"贵族—寒人—寒门"的循环，南朝的贵族制度发生了改变。门阀主义固定化的倾向，与动摇这一倾向的现实力量，两者交错缠绕，最终朝着同一体制的方向聚拢。梁武帝的政治就是其暂时的归结点，关于这一点只能在下一章中讲述了。

三　超俗的世界

"朝隐"

赵翼在"江左世族无功臣"一文中指出，为江南王朝出力的都是寒门和寒人，名流贵族首先重视自己的家门存续，其次才是国家的兴亡（《廿二史札记》卷十二）。赵翼的本意自然是对江南贵族进行批判，但由此也不难想象，贵族们试图生活在超越国家的世界之中。

对于他们而言，国家不过是军阀创造的一时间的产物，也就是相对的世界。有这种想法的不仅是江南的贵族，北方胡族统治下的汉人贵族也基本如此。前文提到的渤海高允是北魏太武帝以来历经五朝的重臣，其弟高燮虽有文采，却屡屡拒绝朝廷的招募，对于屈身在京师做官的兄长，总是抱着怜悯的态度。至于他自己，一生只当过乡里州府的一个属官。

是什么支撑着他们独立的态度呢？前文多次提到，那就是他们的自信心，相信只有自己的人格才是真正的社会领导力。

那么，这样的人格究竟要怎样培养呢？我们对此稍做探讨。

上文的高爽虽是地方官员，但他对官场之事毫不关心，不如说更倾心于隐居乡里的逸民。由此可以联想到"朝隐"这个词语，虽然担任着朝廷的官职，却无意与别人争抢地位，对待名利有着恬淡的态度，这样的行为自古就被称为"在朝隐士"。当时，朝隐是官僚贵族的理想状态。比如王僧祐在老庄学领域有很深的造诣，是位精通书、鼓、琴的贵族文人，虽然身处中央政界，却"亭然独立"，坚守孤高，从不与同僚交往。他的这种态度被齐高帝萧道成评价为"僧祐可谓朝隐"。

不过，这样的态度往往表现为对权势者和自身职务的轻视。竟陵王萧子良（？—494）是著名的皇族文人，他听说王僧祐善于弹琴，命令他在自己的面前弹奏，但王僧祐始终不肯从命。此外，王僧祐曾在执勤时因身体不佳而擅自离开，结果遭到了同僚的弹劾。

谢灵运与陶渊明

有人将超俗的精神转变成倨傲的态度，结果因谋逆罪而被判处死刑，他就是宋朝的谢灵运（385—433）。谢灵运生于名族谢氏之家，号称江南第一文人，由于性情豪放不羁，多次受到免官的处分。自负的谢灵运对此十分不满，带着失意的心情游历各地名胜，陶醉于自然之美。他的山水诗给东晋以来略显沉寂的诗坛送来了新风，在中国诗歌史上留下了不朽的印迹。

与谢灵运同时代的陶渊明也是与政治绝缘的人，但与王、谢家不同的是，陶渊明出身寒门，对于他而言，政治世界是难以忍受的屈辱世界。屈辱的尽头便是为精神自由而生的决心，吟诵《归去来兮辞》的人都会被这份纤细而执着的心情打动。

无论贵族还是庶民，生活在政治世界里多少都会受到屈辱，只是贵族能够站在高位上将其拂去，比如王僧祐不与权势者交往，过着孤高的生活。但出身寒门的陶渊明却不具备这样的条件，为了超脱苦闷的境地，他创作了一部又一部的名作。

陶渊明开拓的境界比贵族阶级共有的超俗精神更加质朴而真诚，自然也不同于纨绔式的美学。不过，这些诗文的基调仍是老庄哲学，抒发着回归自然的隐逸情感。这一时代的潮流，在他的个性中表现得淋漓尽致。

文化的盛行与独立

当时的超俗世界有许多支柱，其中之一就是诗文、音乐等艺术形式，贵族士人通过创作活动表达其独立的人格。换言之，艺术的独立性为人格的独立性提供了依据，第二章中提到的五言诗就是其中一例。文章则流行名为四六骈俪体的对仗文体，这是把对文章的美意识发挥到了形式层面，从政治的实用主义中脱离出来。

诗和文都要通过造型美表现出来，那就是书法的世界。汉代的隶书是运用于行政的实用性字体，东汉中期开始出现真（楷）、行、草三种字体。有赖于纸的发明和普及，作为艺术的书法诞生了。

在书法上达到最高境界的就是王羲之（307？—365？）和王献之（344—386）父子。后世唐太宗痴迷于王羲之的书作，曾亲笔为《晋书·王羲之传》写下赞文："观其点曳（一笔一画）之工，裁成（整体结构）之妙。烟霏露结，状若断而还连；凤翥龙蟠，势如斜而反直。玩之不觉为倦，览之莫识其端。"他还赞叹道："如此令人心驰神往、不觉下笔追随的作品，也只有王羲之的书法了。"

从这一评价来看，书法已经成为一门艺术。东晋南朝盛行书论，出现了刘宋王僧虔的《论书》、梁代庾肩吾的《书品》等著述，它们也有着同样的意义。

总之，书法与文学密不可分，共同创造出观念和造型浑然一体的美的世界。在这样的美学世界里，又伴随着老庄的、佛教的，或是两者交融的宗教情感。这是贵族间共通的归依永恒世界的理想，佛道等宗教集团正是这一理想的寄托。

佛教中有形而上学色彩浓重的所谓格义佛教[1]，但慧远（334—416？）在庐山（江西）开创的"白莲社"更注重念佛实修。以教团为背景，慧远在"沙门不敬王者"的争论中主张佛教徒无需礼拜帝王，也就是将教权从俗权中独立出来。

在学问上，各领域的经学（儒学）也出现了独立的倾向。宋齐时代设有玄、儒、文、史四学科的教育机构。以老、庄、易作为研究对象的玄学从魏晋时期就开始流行，而汉代作为春秋学一部分的史学也获得了与儒学对等的地位。秉笔直书的史学独立，对政治权力的肆意行使构成了无形的压力。历史提供无数的先例教训，从而规范当下的人们。正如自然原理是远超于人类社会的世界一般，人类史的编纂需要站在超越单个国家的绝对立场，这也是贵族之家超越王朝兴衰而不断延续的优越性。

艺术、宗教、学问，三者相互影响，塑造了贵族阶级的理性和感性，那既是他们的教养，也是人格的表现形式。

不过，文化的独立程度在南北朝间存在差异。不可否认的是，胡族治下的华北政治压力巨大，没有像江南那样出现文化独立的倾向，极端的例子就是第三章中提到的崔浩国史事件。

1　格义佛教：指用玄学词语来解释佛学的一种士大夫佛教。

佛教和道教都处于国家的统制之下，仅废佛政策就推行过两回（北魏太武帝、北周武帝）。正如北碑中所见，北朝书法旨在质朴与古拙，诗文也不及南朝艳丽。

但是，江南文化的先进性也给自己招来了穷途末路，这样的独立性反而滋生出技巧性、游戏性的偏向。关于这一点，下一章中还会再做探讨。

第五章　中国重新统一的道路

一　北魏末年的动乱

镇民暴动

正光五年（524）春，北魏设置在长城一带的军镇之一沃野镇发生暴动。镇民在破六韩拔陵的领导下杀死沃野镇将，建号真王元年，对北魏举起了反旗。拔陵等继而攻陷武川、怀朔两镇，镇民暴动波及抚冥、柔玄、怀荒各镇，这就是六镇之乱。

反抗的火焰不仅停留在六镇的范围内，甘肃、陕西地区的各镇各州也不断加入叛乱队伍。到524年四月，高平镇民拥立敕勒族（突厥系）的族长为高平王，响应沃野镇。同年六月，秦州和南秦州的城民杀掉刺史，将莫折念生迎为天子。第二年七月，凉州城民拘禁刺史后揭竿而起。

莫折念生等势力的主体可能是氐族和羌族，他们向高平镇和凉州方向发展势力，同时南下进入汉水流域。几年后，岐州、北华州、幽州（均在陕西）都起来呼应，可以说关中一带完全卷入了叛乱的旋涡之中。唯有长安城所在的雍州仍在北魏控制之下，处于孤立无援的状态。形势危急，北魏政府要如何应对呢？沃野镇暴动发生后，宗室临淮王元彧奉命讨伐，结果大败而归。接着，北魏又改以李崇为北道大都督，他的作战也没有获得成功。叛乱即将波及西北，惊慌的朝廷发布了解放镇民的诏书以图缓和局势，但是为时已晚。诏书的内容和意义留待后文，总之当时的局面已经不是一纸诏书所能解决的了。

随后，试图南下的六镇势力一度受挫，全军二十万投降，朝廷将他们分散在冀、定、瀛三州（均在河北）。这样的处置导致了叛乱向中原内部扩大，旧柔玄镇民杜洛周在上谷（居庸关地区）举兵进攻河北北部各州，安州的两万戍兵和幽州的范阳城民纷纷响应，不久就攻陷了平州。在这样的情况下，旧六镇的俘虏们再次起来反抗。

他们的首领葛荣自称皇帝，定国号为齐，很显然是要取代北魏。葛荣转战河北一带后南下，齐州、相州等山东河南地区频繁发生暴动。

528 年，席卷河北北部的杜洛周南下攻陷瀛州，与葛荣的势力发生接触。葛荣杀死杜洛周，吞并了他的军队。统一的叛乱军到达黄河北岸，洛阳只在咫尺之间。另一方面，西方的长安也处于孤立状态。

北魏的瓦解

在这一危机中脱颖而出的是北秀容（山西）的土著尔朱氏。尔朱氏是契胡种的大族长，当时的首领是尔朱荣。当各地胡族部落和牧场劳动者响应六镇兵变时，尔朱荣卖掉了庞大的畜牧财产，率领着编制的私兵参与镇压。

葛荣南下时，尔朱荣曾向朝廷请求军事协助，但遭到了朝廷的拒绝。于是尔朱荣自行出兵，遏制了叛乱军的西进。

尔朱氏的登场进一步激化了朝廷内部的矛盾。当时的朝廷由灵太后胡氏（宣武帝的皇后）一派掌握实权，因此孝明帝（元诩，515—528 年在位）一派向尔朱氏求助，结果太后派毒杀孝明帝。以此为借口，尔朱氏拥立北魏宗室长乐王元子攸（孝庄帝，528—530 年在位）进入洛阳，将太后等人投入了黄河。此外，朝臣们也被追究只顾保全自己、任由孝明帝被杀的罪责，两千多人遭到了屠杀（河阴之变）。

由于尔朱荣的登场，内乱迎来了新的局面。528 年九月，尔朱荣袭击叛乱军的后方，生擒了葛荣，葛荣的二十万军队全部投降。尔朱荣又派遣同族的尔朱天光到关中，到 530 年左右基本平定当地的叛乱。在尔朱荣的力量下，北魏境内的治安逐渐得以恢复。

但是，这也意味着北魏的命运已经走到了尽头。尔朱荣拥立的孝庄帝不满于尔朱氏的专横，在朝见时诛杀了尔朱荣，但又被尔朱荣的同族尔朱兆所杀。不过，尔朱氏的时代也没有持续长久，532年，尔朱荣的部将高欢率领旧镇民在韩陵山（河南）击败尔朱兆，由此掌握了霸权。

然而，高欢也与拥立的孝武帝之间发生对立，孝武帝投奔了占据关西的宇文泰。至此，高欢和宇文泰两大军阀将北魏分成了东西两个部分。

解放镇民之诏

仔细想来，意图建立普世国家的孝文帝去世才三十年，北魏就宣告瓦解了，是什么引发了这样的事态呢？关于六镇之乱的原因，一直以来大体是这样解释的：原本北方军镇的镇民受到国家的优待，走上仕途的机会很广，但迁都洛阳和实行汉化政策后开始被时代抛弃，而且镇民受到中央派遣的镇将的虐待和掠夺，甚至被贱称为"府户"，他们的不满不断积累，终于引发了暴动。这的确是事实，但从本书一贯的视角，即汉帝国崩溃后新的政治世界逐渐形成的视角上，又能看出怎样的意义呢？

在上文提到的正光五年（524）八月的解放镇民诏中，朝廷首先对道武帝建国以来各州镇城民作为国家武力承担军役而饱尝艰辛表示慰问，接着又反省如今镇民怨恨朝廷、发动叛乱，乃是恩赏不够充分的缘故。基于这样的结论，北魏政府下令各州镇的军籍之人，除犯罪流放者外，全部解放为民，改镇为州，称本来的州名。此外，从旧军人中招募志愿者讨伐关西地区的叛乱，根据战争的功勋加以奖赏。

虽然没有任何实际效果，但这一诏书触及了当时军镇问题的核心，即镇民所处的逆境非同一般，因为他们属于军籍，是不同于"民"（州郡民）的存在。镇民拥有的军事设施是镇，不同于民政机关的州。这道诏书的精神，就是全面废除这样的区别。

改镇为州、改镇民为州郡民，政府内部的有识之士很早就提出过这样的意见。前文提到的李崇就在叛乱爆发前夜，基于僚属魏兰根的建议提出了这一意见。作为李崇的部将前往镇压叛乱的广阳王元渊，也在征讨途中的上奏里提到，正是因为朝廷没有接受李崇的意见，才会出现今天的事态。上文的诏书就是在局面已经无法转圜的时候，朝廷才接受了有识之士的献策。

昔日的荣光

镇和州、镇民和州民的区别是在北魏帝国的发展过程中形成的。第三章提到，北魏在征服华北一带时实行徙民政策，然后在旧敌国的据点设置军队和行政机关统治当地。这种情况通常会设置镇，比如征服夏国后在旧都统万城（陕西）设立镇，作为军事长官的统万镇将由中央派遣。

这是一种军政制度，意在对旧敌国实行强有力的统治。但随着北魏在当地的统治逐步确立，镇制转变为州制，同时任命刺史，军政改换为民政。以统万镇为例，太和十一年（487）改为夏州，只不过实行州制后一定时期内镇和州并存，夏州刺史兼任统万镇将。这样的做法绝非特例，北燕的和龙镇（营州）与北凉的凉州镇（凉州）基本都是这样的方式。

随着北魏在占领地区确立威信，镇向着州的方向转变，但也有长城一带六镇这样的例子，军政一直持续到了最后。

这里需要说明的是，即便由镇转变成了州，军队本身也会以某种形式保留下来。也就是说，从镇军变成了州军，镇下机关的戍通常会作为郡属的队由太守统率。

那么，遍布全国的北魏国家军队（镇军、州军）是由怎样的士兵充当的呢？他们的构成十分复杂，比如汉人征兵、投降的异民族部落、流放罪人等等，但设置在重要地点的军队，主体必须是胡族，特别是鲜卑族的士兵。如第三章所说，部落解散后的胡族民众属于八国，受到不同于汉族的待遇，此后随着北魏版图的扩大，他们被分配到各地的军事机关之中。

简单明了地说，这些镇军或者州军正是昔日部落制度的变形。在部落生活中，所有的成年男子都是战士。作为战斗共同体的部落和部落联盟在北魏帝国被加以改造，胡族民众成为州镇军士，支撑着这一国家共同体。

因此，他们的地位并非一开始就很低下，而是很荣耀的，仕途也非常宽广。他们与一般州郡民的区别，反而是他们地位象征。特别是属于六镇的镇民，他们作为拱卫首都平城的北方屏障，恐怕享受着各种各样的特殊待遇。

被疏远的国家军队

现如今，这样的区别不再是荣耀的象征，而是变成了屈辱的印记。随着北魏的政治和军事重心南移，特别是在迁都洛阳的大背景下，变化恐怕不止于此。由于孝文帝的汉化政策，北魏国家本身发生了变质。一直以来作为镇民认同所在的北魏国家，变成了基于门阀主义的政权。这是将汉族式的身份制度带入胡族的结果，镇民们最终被国家疏远了。

六镇变成了流放之地，曾经光荣的士兵被视同罪人，甚至于遭到更低下的待遇。对于中央派遣的镇将而言，这也不是光明的任地，顶多只会专注于收受贿赂，然后转赠给中央的权贵，由此使自己的仕途显达。

六镇之乱前的情况大体就是如此，如果说这是汉化政策给胡族士兵带来的影响，那么对于内地的中央军和州军而言也是一样。六镇之变的五年前，北魏出现过中央羽林军、虎贲兵袭击政府高官的事件。他们的目标就是清河名族的张仲瑀，他废止了军人通过功勋获得任官资格的制度，试图分别设定军人和一般士人的任官途径。这些政策引发了中央军的愤慨，正是门阀主义将国家的柱石从自己的世界中排除了出去。

州军的情况不甚明了，但如上文所介绍的，诸州"城民"都在六镇之乱的刺激下发生暴动。"城民"其实是相对于一般州郡民的词语，是镇军、州军等军籍所有者的总称。从各地发生叛乱的事实不难想象，他们之中也积累了许多矛盾。

总之，孝文帝的理想被推翻了。北魏的瓦解意味着历史深处仍然存在否定门阀主义的力量。但即便如此，回到昔日的部族国家已经不可能了。这一问题要如何解决，我们只能期待于新兴国家的东魏和西魏了。

二 府兵制国家

东魏政权与山东贵族

东魏的创始人高欢（496—547），史书上称其"渤海（郡）蓨（县）人"，出身于名族的渤海高氏。但正如滨口重国[1]所说，这是十分可疑的。滨口氏认为，高欢可能是鲜卑族。高欢自身也有贺六浑这样的鲜卑表字，从祖父一代就属于怀朔郡，他自己也是一介兵士。从高欢的出身就可以想到，东魏国家的诞生绝非正统，而是乱世中的幸运儿。野心家高欢加入六镇的暴动，随后辗转于杜洛周、葛荣等叛乱首领的麾下，最后投奔了尔朱氏。后来，他又率领着被尔朱氏俘虏的二十万叛乱民众，举起了自立的旗帜。

此时，他所利用的就是尔朱氏一族和北魏朝廷的反目。朝廷号召汉人贵族起来反抗，而汉人贵族也为尔朱荣在河阴大肆屠杀朝士而燃起复仇的火焰，每个乡里都聚集着私兵。渤海的高氏、封氏，范阳的卢氏，赵郡的李氏，他们都是毫不逊色的名族。

高欢与这些贵族势力结成同盟，向尔朱一族发起决战。高

1　滨口重国（1901—1981）：日本东洋史学者，山梨大学名誉教授，专攻秦汉隋唐史，凭借《唐王朝的贱人制度》获得日本学士院奖。

欢拥戴北魏皇室，国号也称为魏，但其实质基础在于新生的军事力量。其中之一是旧叛乱民，也就是旧镇民，另一个就是由汉人贵族集结的乡里部队（当时称为乡人部曲或乡兵）。比如渤海的高昂统率乡人部曲三千人，有一次高欢对他说："汉人可能不善于作战，分给你一千鲜卑兵吧。"高昂却回答道："不用了，汉兵训练有素，不输给鲜卑兵，混在一起难以统领。"[1]

从这一故事中也能看出，东魏的军队分为汉人和鲜卑两种，作为新兴国家的东魏正是由此形成的，这是胡汉融合的一种形态。孝文帝以后的北魏将门阀主义作为融合的原理，那么东魏的情况又怎样呢？

如前文所说，胡族军团是反抗门阀主义的产物，那么汉族的乡兵又如何呢？其统率者都是汉人贵族，仿佛与胡族军团有着相反的志向，但实际情况真是这样呢？以高昂为例，他自幼淘气，长大后也是豪侠型的人物，不从事学问，经常豪言壮语道："男儿当横行天下，自取富贵，谁能端坐读书作老博士（学者先生）也？"[2]正是有着这样的度量，他集结乡人组建起了军团。

---

1 语出《北齐书·高昂传》，原文为："高祖曰：'高都督纯将汉儿，恐不济事，今当割鲜卑兵千余人相参杂，于意如何？'昂对曰：'敖曹所将部曲练习已久，前后战斗，不减鲜卑，今若杂之，情不相合，胜则争功，退则推罪，愿自领汉军，不烦更配。'"
2 语出《北齐书·高昂传》。

其他组织乡兵的贵族也是一样，赵郡的李元忠就是其中之一。李元忠擅长医术，为病人诊治不分贵贱，又因家中富有，常常资助乡人，但他从不立债务，所有借据一律投入火中销毁。他之所以能够集结乡兵，就是因为这样的侠气和温情在乡里社会获得了很高的威信。换言之，他没有丧失土著豪族的根基。李元忠后来曾对高欢说："如果不给我侍中的职位，我就去别处起兵。"[1] 这虽然是玩笑话，却能够看出土著贵族们坚韧的独立性。

社会革新的风潮

在此之前，孝文帝以门阀主义政策为汉人贵族的特权地位提供政治上的保证，不可否认，这也是产生安逸和堕落氛围的开始。《洛阳伽蓝记》（东魏·杨衒之撰）中展现了都城洛阳的繁荣，这也是宫廷贵族化的汉族名流的华丽社交场所。北魏末期灵太后掌握实权的时候，贵族间弥漫着放荡的风气，没有人站出来加以批判。后来，尔朱荣弑杀太后，处死了大批朝中之士，动机之一就是地方豪族匡扶统治阶层道德败坏的正义感。

这样的汉人贵族自然会与出身地的乡党社会脱离，比如荥阳郑氏，史书记载其"并恃豪门，多行无礼，乡党之内，疾之

1　语出《北齐书·李元忠传》，原文为："若不与侍中，当更觅建义处。"

若仇"(《北史》)。不得不说，这与集结乡兵对抗尔朱氏的贵族们形成了鲜明的对照。但是，他们作为贵族的地位并没有差距。总之，当时华北的贵族阶级既有因门阀化而寄生于政权的一面，也有通过掌握乡里社会而确保自身独立性的一面，这两个侧面是同时存在的。

进一步而言，后者有着人民的新志向的支持，那就是通过建立军功来突破士庶间界限的志向。比如，高昂率领的三千乡人部曲中可以看到王桃汤、东方老等名字，他们都只是一介勇士，却因建立战功而荣升成为军官。也就是说，虽然乡兵集团的统率者是贵族阶级，但其根底却散发着打破政界门阀主义固定化的革新气息。这样看来，他们与胡族兵团的志向有着某些相通的地方。

从大局而言，东魏政权是顺应打破门阀主义的潮流建立起来的，这一点也反映在高欢本人的官吏任用方针上。高欢提拔有才能的人物时不会拘泥于身份，对于有名无实者则基本不会重用。

北齐的灭亡

然而，当初充满革新气息的东魏国家，却快速走上了变质的道路。随着高氏成为名副其实的霸主，建立起北齐政权，变质的程度进一步加深，因为此时的政权已经处在了门阀官僚的领导之下。

门阀官僚们往往巴结君主，借着强化君主权力来维护自身的地位。君主与门阀官僚的结合，自然会将东魏的建国功臣排除在外，高昂兄长高慎亡命西魏，以及下一章讲述的侯景之乱，都是其先兆。进入北齐后，政治矛盾围绕着皇帝的独裁与宗室的抗争不断激化，支持前者的正是门阀官僚和皇帝身边的恩倖。与此相对，后者的盟友是建国以来的功臣以及寒门出身的官僚。

在这种局面下展开的政治斗争，绝非通常所说的汉人贵族对抗鲜卑武人这么单纯。尽管情况十分复杂，但简而言之就是围绕是否采用门阀主义的斗争。前者的胜利导致军队的统领相继灭亡，北齐的国防能力遭到减弱，最终被北周吞并。

那么，以长安作为据点的西魏和北周又如何呢？

西魏二十四军

西魏的创始人宇文泰（507—556）也是鲜卑系的武将，早先属于武川镇，在动乱中南下。他在关中统领的军团也以武川镇出身的胡族兵将为主，但除此之外，当地土著豪族的乡兵集团也支持宇文泰，这是为了应对地方上的叛乱，贵族们自发组织的。

即便如此，直属于宇文泰的胡族军团还不到一万人。大统九年（543），宇文泰在洛阳北郊的邙山败于东魏后，将各地贵族任命为"乡帅"，负责乡兵的集结。受到任命的贵族们相当于被认定为当地第一的望族，总之是利用贵族在乡里社会的影响力来扩充军队。

西魏国家的军事力量也是由胡族军团和关中地区的乡兵集团组成，但它的特征在于统一于府兵制度之下，而且这一军事系统构成了国家制度的骨架。

西魏在大统十六年（550）前完成了胡汉各部队的混合，编制成为二十四军，这就是府兵制最初的形态。二十四军由六名柱国大将军分别统领，其下是十二大将军和二十四开府仪同三司的指挥系统。换言之，一名开府仪同三司统率一个军。一个军中又分为更小的部队，通过仪同三司—大都督—帅都督的指挥系统向下贯彻，直达底层的胡汉士兵。

不过，从当时的柱国大将军和大将军的出身来看，他们大多都是胡族，其中混杂着一部分关中地区的土著豪族。胡族人物中特别需要注意的，就是有很多人与宇文泰同是武川镇出身的，他们是至今一起行动的战友。宇文泰本人也是柱国大将军，这一意义上与六柱国对等，但他又以都督中外诸军事的身份统领着所有中央禁军和府兵，事实上位于六柱国之上。换言之，他对于六柱国而言是同级中的第一人。

胡汉统合的新国家

集结于各地的乡兵集团也和他们的统率者一起编入了这一组织系统。就这样，胡族和汉族双方的军事集团都被统合到了同一个系统之中，这就是胡汉两个世界统合的象征。胡族军团的历史可以追溯到遥远的部族制时代，当时是全民皆兵的军事体制，后来发展为北魏的国家军队。如今，他们克服了北魏末年的困境，复活成为全新的西魏国家军队。另一方面，乡兵集团的构成也是以贵族阶级和乡里社会的关系作为纽带，也就是说，汉朝崩溃以来支撑汉族社会的贵族与民众共同体上升到了国家军队的高度。换言之，作为胡汉两大社会根基的共同体世界凝练成为一个军事组织，这个军事组织构成了国家的骨架。

府兵制出自谁的设想并不清楚，但很可能是宇文泰的股肱、为西魏倾尽毕生精力的武功（陕西）贵族苏绰（498—546）。苏绰的理想是上古周代古雅而朴实的政治体制，他倡导在公文书中采用《书经》的文体，因为魏晋以来的四六骈俪文过于拘泥对偶和修辞，已经沦为了一种虚饰。换言之，这是以革新作为目的的复古。

起先由苏绰着手，苏绰死后由卢辩完成的官制改革也是典型的例子。它大量仿照传说中周代实行的官制（记录在经书之一的《周礼》中），后来宇文氏废黜西魏皇帝，将建立的国家称为周朝，也是出于同样的志向。

《周礼》中记录的周朝官制是所谓的封建官制，周朝大臣称为六卿，各自作为天、地、春、夏、秋、冬六个官府的长官统率僚属，直接与天子沟通。这一官制中有着后世中央集权制中看不到的各官府的独立性，同时官府间的分工关系创造了整体和谐的统治世界。只有独立和统一纵横交织的世界，才是有力而又有序的王道政治的世界。借助官员对各自职务的自发性，整个公共世界获得了自下而上的支持。

说到这里，西魏模仿周礼创设"六官之制"的意义也就清楚了。这既是对门阀主义之下身份制官僚因沉湎特权而导致国家败亡的警戒，同时也是希望通过从下往上的力量解决这一课题。

反门阀的战斗态势

与此相关的是，西魏、北周的官制中都没有设立清浊的区别。虽然有流内和流外官的区别，但只是位阶的高低，并非依据士庶的身份。官员任免上也彻底告别了门阀主义，采取贤才主义的方针。苏绰参与起草的《六条诏书》本是地方官员的服务心得，但其中第四条的"擢贤良（选拔贤良）"正明确表明了这一立场。"今之选举（官吏任免）者，当不限资荫（裙带关系），唯在得人。苟得其人，自可起厮养（马官）而为卿相（大臣）。"[1]

我们来确认一下"六官之制"确立之初，被任命为六卿（大冢宰、大司徒、大宗伯、大司马、大司寇、大司空）的六名长官的情况：相当于总理大臣的大冢宰由宇文泰担任，其余五卿都是以柱国大将军身份统领府兵之人。也就是说，军队的统帅部直接成为国家行政的最高责任者，西魏国家是在一种军政府的体制下运营的。

这样的体制在北周时代基本没有变化，西魏和北周的军事政权是与东魏和北齐紧张对立关系的产物。但从其内在而言，也有着与门阀主义对决的成分。革新的强烈志向虽然由回归周代的复古精神作为支撑，但这一复古志向同样面向胡族的部落制社会。大统十五年（549），诏令宣布因孝文帝汉化政策由胡姓改为汉姓者一律改回胡姓，对于汉族也屡屡赐予胡姓。这样的胡姓复活，意味着回归到北魏建国以前部落联盟的时代。当然，从现在回归过去是不可能的，总之是基于复古的理念，创造出应有的国家形象。

1　语出《周书·苏绰传》。

西魏和北周的国家理念具有前所未有的划时代意义。孝文帝以后的北魏国家试图以门阀主义统合胡汉两大世界，但这逐渐割舍了胡族世界，最终导致国家的解体。东魏和北齐面对内乱后的新形势，最终无法超越门阀主义，走上了败亡的道路。

与此相反，西魏和北周的独创之处就在于向门阀主义发起了彻底的挑战。门阀主义以身份制阶层分割社会，不仅带来了闭塞性，还会引发胡汉之间的分裂。为了超越闭塞性和民族对立，创造出更加开放的政治世界，就必须彻底打破门阀主义。面对这一时代的课题，西魏和北周国家采取了极具战斗性的姿态。

在与东魏、北齐以及南朝梁、陈三足鼎立的过程中，处于文化落后地区的西魏和北周萌生了全新的统一理念，下面来看一看实现统一的具体经过。

三　征服江南

侯景之乱

547 年，东魏武将侯景带着辖下的河南十三州归顺梁朝，这一事件成为打破 4 世纪以来南北平衡的决定性事件。侯景是高欢自怀朔镇以来的同袍，高欢在世时受其节制。高欢死后，其子高澄执东魏政治之牛耳，侯景不愿居于高澄之下，于是叛离了东魏。此外，侯景不满高澄利用门阀主义官僚打压建国功臣也是原因之一。

梁武帝接受侯景的归降，与其联合对抗东魏，结果却遭到了大败。梁朝与东魏达成和睦后，侯景陷入了孤立。548年，穷途末路的侯景在寿春（扬州）起兵，进逼梁朝的都城建康。梁军面临出发时只有千余人的侯景军却接连败北，侯景很快占领了建康城内。经历近五个月的包围战后，宫城于549年陷落，梁武帝忧愤而死。

梁武帝的时代

梁武帝的治世长达五十年，是当时少有的安定时代。这首先归功于武帝自身的努力，如上文所说，建国时的军团都是依靠寒门豪族的力量集结的。即位以后，武帝信任沈约（441—513）、范云（451—503）等官僚，他们都是在竟陵王萧子良帐下时的文人朋友（所谓西邸集团），也是寒门出身的知识分子。武帝立足于这一阶层开始了梁王朝的建设，可以说是一种革新政治。

天监七年（508）的官制改革中，流内官分为第十八班到第一班的十八班，接着又设立流外七班。这是宋齐时代以来的集大成者，虽然基本上仍是贵族制，但它承认了寒门和庶民进入政界的事实。官制的前提在于官吏任用法，梁武帝注重整备学校和考试制度，可以看作后世科举制度的先驱。总之，梁武帝的改革不偏向门阀主义，立足于广求贤才的精神之上。

进一步来说，梁武帝的政治方针是文化主义和教养主义，他试图修正门阀贵族制度，将其改造为教养贵族制度。梁武帝本人就是当时第一流的文人，在玄学、儒学、佛学上都有很深的造诣，常常亲自讲解佛经。在这一政治方针下，江南文化迎来了黄金时代。以皇太子萧统（昭明太子，501—531）为中心编纂的《文选》，将千年以来的诗赋和散文作品按照文体进行了分类。还有优秀的文学评论，如刘勰的《文心雕龙》和钟嵘的《诗品》，都是这一时期文运昌隆的产物。

《文心雕龙》和《诗品》有一个共同点，那就是对文学发展普及而产生的技巧主义和颓废倾向的批判态度。借用兴膳宏[1]的说法，那是意识到文学危机（crisis）而发起的批评（critique）（《中国文明选13·文学论集》）。引人注目的是，这两种书都反映出回归汉代以前的复古主义倾向，与西魏的复古理念处于同

---

1 兴膳宏（1936— ）：日本著名中国文学家，京都大学名誉教授，主攻中国文学，被称为"中国文学理论、六朝文学研究的第一人"，凭借《中国文学理论研究》获得日本学士院奖。

一时代。

正如这些书中警告的那样，仅以诗歌为例，从南齐永明年间（483—493）开始，技巧主义的倾向越发强烈，其结果就是梁陈时代的所谓"宫体诗"。从上文的三种书中可以看到，当时一方面达到了对文学世界进行客观性、全局性展望的高度，但另一方面也反映出浓厚的衰败迹象。

梁武帝第一次自称"三宝之奴"舍身建康同泰寺是在大通元年（527），此后的政治出现急剧松弛。北魏末年的纷乱给梁朝带来了和平，促进了文化的普及和经济的繁荣，但武帝却在和平和繁荣之中倾心于佛教。从他的理念而言，国家的现实问题都可以通过宽容的精神加以解决。但在这样的氛围下，武帝也越发容忍贵族官僚的放纵行为。

统治层的奢侈和无力导致了对民众责任感的丧失，只求一味地增加掠夺。

南朝的终结

在梁朝末年度过青少年时期的颜之推（531—597）这样描写当时的贵族："衣服熏香，颜面剃净，用胭脂和粉化妆。（外出时）乘着平稳的马车，脚上穿着高齿的木屐。（在家时候）腰上衬着带围棋图案的蒲团，倚靠着斑丝装饰的枕头，文房用具左右摆开。坐立行走态度悠然，远远望去宛如神仙。"[1]（宇都宫清吉译《中国古典文学大系 9·颜氏家训》）他们还在官吏任用考试中作弊，大臣招待的宴席上只能请他人代作诗文。

上流社会的颓废自然会引发消费热潮，继而刺激货币经济的发展。商人阶级顺势登场，贵族阶级的经济力量相对减弱，对社会的寄生性质越发强烈。另一方面，货币经济加速农民的逃亡，产生大量的失业者。在文化兴隆的背后，社会不安的阴影一天比一天浓重。

于是，突如其来的侯景之乱打破了太平美梦。侯景之乱之所以波及如此大的范围，是因为国内的失业人群都为追求恩赏而加入了叛乱军之中（川胜义雄《魏晋南北朝》，讲谈社）。

552 年，侯景之乱终于平定，但梁王朝已经不复昔日的面貌。梁武帝之子萧绎在江陵即位（元帝，552—555 年在位），西魏伺机侵入境内，转眼之间攻占首都，将十余万的官员和庶民都带去了北方。此后，西魏扶植了傀儡政权的后梁（555—587）。

长江中游落入了北朝的手中，统治以建康为中心的长江下游的则是平定侯景之乱的陈霸先。陈霸先出身低贱军人，即位后建立了陈王朝，他的军事力量以江南土著豪族作为核心。但

1　语出《颜氏家训·勉学第八》，原文为：熏衣剃面，傅粉施朱。驾长檐车，跟高齿屐。坐棋子方褥，凭斑丝隐囊，列器玩于左右，从容出入，望若神仙。

是，这样的新王朝很快也浸染了文弱和颓废的色彩，据说陈后主（陈叔宝，582—589 年在位）一边抱着张贵妃一边听宦官的报告，他是陈朝最后的皇帝。

与此同时，陈后主也是南朝最后的君主。589 年，以晋王杨广为统帅的隋军如波涛一般渡过长江，占领了建康。从 4 世纪初开始的南北对立的局面，在大约三百年之后终于打上了休止符。

府兵的志气

成就这一辉煌伟业的就是隋朝的创立者杨坚（文帝，581—604 年在位），不过中国重新统一的进程早在隋朝以前就开始了。西魏夺取长江中游是第一阶段，第二阶段是北周于 577 年击败处于内乱的北齐，将整个华北收入囊中。当时的北周皇帝是明君周武帝（宇文邕，560—578 年在位），他在此前的建德二年（573）将军士的名称改为侍官，从一般民众中广泛招募。所谓的侍官就是侍从皇帝的武官，北魏以来用于称呼近卫军。因此，武帝的改名是为了提高府兵的声誉。同时，募兵的户籍会从一般民众所属的县籍中剔除，此后汉族中当兵的人数大大提升。武帝平定北齐，正是以府兵制的强化和扩充作为后盾的。

武帝死后不久，隋朝代替了北周。平定江南得以实现，依靠的也是府兵制的威力，而支撑府兵制的则是民众的自发性。

比如，《隋书》中记载了参加作战的士兵张定和的传记：

张定和出身贫贱，因无法备齐从军的物品而想卖掉妻子的嫁衣，但妻子无论如何都不答应，于是只能空手出征。后来，张定和因为军功当上仪同，接着又成为上开府仪同三司，作为一介草民可谓前途无量。不久，他就和妻子离异了。[1]

《张定和传》称赞这样的人"有志节"，这个故事也很好地反映出当时府兵的雄心壮志。打破门阀主义的潮流为人们提供了广阔的舞台，也为国家迎来了重新统一的时代。

---

1 该故事见于《隋书·张定和传》，时间顺序略有出入。

第六章 隋唐文化的世界

一　隋唐国家的支柱

关陇集团说

隋文帝杨坚的父亲杨忠，与宇文氏同为武川镇出身，创设西魏二十四军时担任十二大将军之一。取代隋朝的唐王朝的创立者是李渊（高祖，618—626年在位），他的祖父李虎当时也是柱国大将军，同样是武川镇出身。此外，柱国大将军和大将军中出身武川镇的还有独孤、赵、侯莫陈、贺兰等姓氏。因此，他们被称为武川镇军阀。

北周、隋、唐王朝统治者都是武川镇军阀出身，这一点值得注意。他们都是西魏以来的将军门第，本来的出身绝不算高贵。杨氏和李氏看起来是汉人贵族出身，但很可能是胡族或胡族化的汉族，相互间通过多重的婚姻关系结成同盟。杨坚能够夺取北周的政权，也是利用了外戚的身份。

西魏二十四军的最高统帅部以武川镇集团为中心，加上北魏宗室、鲜卑族武将，以及陇西地区（甘肃）的土著豪族。《周书》记录了西魏和北周历史，书中将八柱国（六柱国加上宇文氏、元氏二柱国）称为"故今之称门阀者，咸推八柱国家云"[1]。这些家族直到编纂《周书》的初唐为止，都在政治上保持着优势。

第二章中提到的陈寅恪将这一政治集团称为关陇集团，关陇是指西魏占据的渭水盆地一带，也就是指关中地区。陈氏认为，宇文泰将定居当地的胡汉文武才俊融为一体，从而成就霸业，隋唐则继承并扩充了这一遗产。皇帝和功臣都出自关陇集团，八柱国之家就是他们的代表。

与陈氏发表此说几乎同时，布目潮沨[2]也提出，唐初的统治阶级主要由鲜卑系胡族和侍奉他们的北朝武人官僚组成。陈氏和布目氏的观点为思考隋唐帝国的性质提供了重要的线索。

比如，陈氏的关陇集团说对唐代的政治过程这样概括：到唐初为止，皇帝和将相大臣都出自同一集团，因而没有其他统治阶级介入的余地；后来武则天掌握权力，由于她不属于这一

1　语出《周书·列传第八》。
2　布目潮沨（1919—2001）：日本东洋史学者，大阪大学名誉教授，专攻中国唐史与茶文化，代表作有《隋唐史研究·唐朝政权的形成》《〈茶经〉全译注》等。

集团，故试图破坏这一集团，也就是破格的人才录用和对府兵制的破坏；唐朝在玄宗朝重新恢复实力，但此时的将相大臣和皇室已经属于不同的阶级，宦官势力介入两者之间形成一个统治阶层，与将相大臣进行对抗。

新贵族制的曲折发展

这样的学说意味深长，但如果顺着这一观点进行更加细致的观察，即便在皇帝和将相大臣出自同一阶级的北周、隋朝、初唐时期，两者之间也不是没有出现过乖离。比如北周末年，宣帝（宇文赟，578—579 年在位）在位时排斥关陇系的大臣，汉人门阀官僚围绕在宣帝周围肆意弄权。归根结底，周隋革命的发端就是这些人为讨好杨坚而制作伪诏，在宣帝死后将实权委托给了杨坚。

然而，杨坚即位后就疏远他们，重用高颎（？—607）等关陇系的官僚。开皇律令的制定、科举制的创建、平定江南、废止乡官，这些辉煌业绩都是由他们推进的，开皇之治的美誉也绝非夸张。特别是科举制的创立，它废止了 4 世纪以来的九品官人法，通过考试制度任用官员，具有划时代的意义。这正是将北魏以来的贤才主义，以制度的形式确立下来。废止乡官则是废除了此前由当地贵族独占的州刺史属官（也称为乡官），与科举制度都是对门阀制度的致命一击。

这里需要注意的是，从门阀官僚制到科举官僚制的推移，并不意味着对贵族制度本身的否定。即便是上文介绍的西魏六条诏书中"擢贤良"一项，理想的官员也是兼备贵族德行和基层官吏实务能力的人物，作为贵族制本质的人格主义并没有遭到否定。不过，将德行与门第视为密不可分的门阀主义理念已经遭到了抛弃。

隋唐的科举就是以教养考试认定贵族式人格的制度，其表现之一就是将考试的重点放在经学素养和诗赋创作能力上。对于科举合格的人物，也还需进行任用考试，称为身、言、书、判，也就是考察贵族式的容貌、语言能力、书法和文章。

因此，隋唐的科举官僚制度依然立足于贵族制的人格主义之上。不过就抛弃门阀主义而采取机会均等而言，这是开放型的贵族制。从旧门阀到寒人的所有阶层都被包含其中，贵族制不仅没有遭到否定，而且是在更广阔的社会基础上完善自身。

开放的贵族制度自然没有民族上的偏见。关陇集团的上层出身胡族，自然是强调这一点的。昔日的孝文帝试图以贵族制度建立统一的世界，如今通过这样的开放体制得以实现。

但是，为了维持这一理念，作为统治集团的关陇集团必须始终健在。在隋文帝开皇时代约二十年后，隋朝迎来了一个拐点。其标志性事件就是皇太子杨勇被废，晋王杨广（后来的隋炀帝，604—618年在位）成了太子。

以大运河为首的各种土木工程，以及三征高句丽为代表的征讨战争，炀帝的政治充满了作为统一帝国二世皇帝的豪迈，但其结果却是在全国范围的动乱中被自己的亲卫队弑杀，其间应该有一些缘由。

对于统一全中国的隋朝而言，最大的威胁就是君临塞外的突厥（突厥种）。炀帝策划的远征高句丽，带有着斩断突厥势力左翼的意义。如果获得成功，隋朝就能重现汉帝国的盛世。但是，这一作战过于强行。大规模的征兵动员、以军事运输为目的的永济渠（贯通河北平原，到达今天的北京地区）开凿，这些工程都旨在一举击溃高句丽。然而，炀帝的希望落空了。不仅高句丽的抵抗异常顽强，民众也因兵役和宫殿、运河、长城等徭役，以及种种物资征发而陷入疲惫，在全国各地掀起了叛乱。大业七年（611），王薄与他的同伴占据长白山（山东），创作反战的"无向辽东浪死歌"煽动民众，这是全国性叛乱的开始。

高句丽战争的多次失败，加上国内叛乱的激化，导致隋王朝走向了崩溃。与此同时，以国内统一作为基础、迈向世界帝国的历史趋势也遭到挫折。至于失败的原因，最终只能归结为炀帝的独裁统治。

他之所以能够成为独裁者，是因为脱离了关陇集团。炀帝自平陈作战以来就爱好江南的风物，最后在江都（扬州）的行宫迎来了末日。支持炀帝的正是宇文述、虞世基、裴蕴、裴矩、郭衍等宠臣，他们除宇文述外都是汉人，大部分是江南系和北齐系的贵族官僚。虞世基因文采出众而掌握诏敕，裴蕴提出貌阅（实地检查相貌）制度强化租税，裴矩支持炀帝统治西域和远征高句丽。他们都是巧言令色的所谓佞臣，但关陇集团的宇文述也绝非例外，他在远征江南时与郭衍一起怂恿炀帝取代兄长成为太子，此后得到炀帝的宠信。

初唐政权的性质

隋末民众叛乱之所以愈演愈烈，宠臣为讨好炀帝而隐匿正确的情报也是原因之一。后来，政府高官中也有人举起了反旗，其先导就是起兵洛阳的杨素之子杨玄感。杨玄感败亡后，麾下的李密（582—618）继续活跃。另外，镇守太原地区的李渊也举兵了，杨玄感、李密、李渊都属于关陇集团。

当时，领导农民的土著势力中有很多府兵制的将校，这也暗示着内乱的动机之一就是关陇集团对抗炀帝。李渊在其子李世民（后来的太宗）的动员下占据长安，吞并群雄后建立了唐王朝。

二代皇帝太宗（李世民，626—649 年在位）也对关陇集团抱有同盟的意识。他在和群臣的交谈中常常提及关中人和山东人，展现出区别对待的态度。朝臣张行成劝谏道："天子四海为家，不容以东西为限，是示人以隘矣（不能向臣下展示狭隘的心情）。"[1] 太宗赞同他的意见，给予了厚赏。从皇帝的立场来说，张行成所言甚是，但这里所说的山东人无非就是魏晋以来的名族，太宗对山东人的对抗意识，其实是他反门阀志向的反映。

贞观十二年（638），围绕《氏族志》编纂的过程清晰地体现了这一点。起初，高士廉等人调查天下姓族，附以地位等级时，博陵的崔民干被推为首位。于是，太宗下令不以旧门第作为基准，而是依据唐朝的官爵重新改定。结果，第一等是皇族，第二等是外戚，崔民干被降格到了第三等。当时的太宗说道："高氏偏据山东，梁、陈僻在江南，虽有人物，盖何足言！"[2] 实现天下统一的不是名流贵族辈出的山东和江南，而是依靠关陇的力量，从中不难读出太宗的豪气。

太宗站在这样的立场上，他的官吏任用理念自然是贤才主义。这样的想法从他即位之初就有所表露。"王者必须至公无私，才能使天下民众诚服，朕与尔等平日的衣食都取自人民，

1　语出《新唐书·张行成传》。
2　语出《资治通鉴·唐纪十一》。

官职是为人民而设的，所以必须任用贤才。"[1]

但是，贤才主义自然不是排除贵族出身者，无论贵族与否，贤才者都应当受到重用。太宗还是秦王的时候就开设文学馆，设立十八学士作为自己的顾问，其中就是著名的宰相房玄龄（579—648）、杜如晦（585—630），以及贞观（贞观是太宗的年号，其治世称为贞观之治）时代活跃的众多学者和文人。从出身来看，他们之中兼有江南、山东和关陇集团，而且是以魏晋以来的贵族家族居多。这些人中的一部分后来名列二十四功臣，凌烟阁上就有他们的画像。

如果对上文进行总结，作为隋唐政权中枢的就是所谓关陇集团，但这不是单纯的地域集团，而是以实现贤才主义作为理念的反门阀主义政治集团。旧时代的贵族也可以基于这一理念，走上参与治理国家的道路。

如前文所说，贤才主义绝不是否定贵族制本身，而是起到贵族制度开放化、普遍化的作用。太宗的贞观之治，就是在这样的理念上建立起来的。太宗死后，唐皇室的动摇引发了武则天的革命。这是贵族制度本身的动摇，关于这一点将在下一节中讲述。

---

1 语出《资治通鉴·唐纪八》，原文为："王者至公无私，故能服天下之心。朕与卿辈日所衣食，皆取诸民者也。故设官分职，以为民也，当择贤才而用之。"

二 隋唐文化的基调

《五经正义》

贞观七年（633），太宗将《新定五经》颁布天下。所谓"新定五经"，是指原有的五经正文中存在各种各样的误传，因此太宗命颜师古（581—645）进行校订，也就是国家认定的五经文本。顺带一提，颜师古就是上文提到的颜之推的孙子。

经书自汉代以来就有很多注释书，太宗又令孔颖达（574—648）和颜师古等人选取最标准的注释，将这些解释扩充成疏，这就是《五经正义》。最终的成书是在高宗（李治，649—683年在位）永徽四年（653），以后每年的明经（科举考试之一）考试都从《五经正义》中出题。

这种将五经正文和注疏指定化的做法，突出地反映了唐代文化的特色。此前由于南北对立，经书也产生了南北间的差异。大体而言，北方经学继承了汉儒的学说，江南则承袭了魏晋的学风。《五经正义》就是对种种注释进行探讨，但相对更注重魏晋一系，换言之，唐代经学更多汲取了江南的源流。

总之，这是对南北文化的综合和统一。由于公定的内容与科举制度挂钩，形成了新统一时代的士大夫教养。不过这样一来，不被采纳的诸说就立刻不再流行，进而只能散佚了。不仅是在中国，日本也是如此。狩野直喜[1]提到这一问题，认为当时的日本连书籍的命运都在模仿中国（《中国哲学史》，岩波书店）。换言之，唐代作为标准的经学，在日本也直接得到认定。进而言之，南北朝经学的综合和统一不仅规定了唐代贵族的教养，也成为周边国家统治阶层的儒学素养的基准。

前代史的编纂

总而言之，初唐文化的一大特色就是站在中国重新统一的时间点上，对魏晋南北朝进行回顾，将各种文化加以综合和概括。贞观三年（629）太宗下诏修纂《梁书》（姚思廉撰）、《陈书》（同上）、《北齐书》（李百药撰）、《周书》（令狐德棻撰）和《隋书》（魏徵撰）等魏晋南北朝后期史，也是基于这样的精神。同时，依据现存的晋朝史重新编纂《晋书》（太宗御撰），不难想象这也是站在唐王朝的立场上理解晋代。但这些都是断代史，也就是某个王朝的历史，而不是通史。真正理解前代需要通史，收入现行《隋书》的《五代史志》（长孙无忌撰）是南北朝五个朝代制度沿革的综述，一定程度上起到了通史的作用。

1　狩野直喜（1868—1947）：字子温，号君山，近代日本著名中国学者，京都帝国大学名誉教授，在中国文学、中国哲学、敦煌学等领域都有深入研究，是京都学派的创始人之一。

李延寿作为史官参与上述修史事业，同时还私撰了《南北史》一百八十卷，这部书堪称南北朝的通史。李延寿认为，以前的史书在南北间具有偏向性，比如南朝史书将北朝称为"索虏"（编发的夷狄），北朝史籍将南朝称为"岛夷"（海边的土人），这在天下统一的时代看来很不合理。于是，李延寿站在公平客观的立场上，对整个南北朝历史进行了总述。

这一优点特别体现在列传的构成上。由于各王朝活跃的贵族都按姓氏进行了排列，整个列传仿佛就是各大贵族的家族史。换言之，进入唐代以后，南北朝时期贵族社会的全貌得以尽收眼底。

文与诗

不过，唐代对南北朝文化进行综合，这不一定是要否定后者，而是一种延伸。比如从隋代到初唐时期，出现了虞世南《北堂书钞》、徐坚《初学记》、欧阳询《艺文类聚》等多部类书。所谓类书，就是将已有的文章、语句按照项目分类排列，特别是为了写作四六骈俪体的文章，需要搜集可以作为对仗的优美词句。尤其是为皇帝创作诏敕文，以及臣下书写奏文的时候，这样的类书都十分必要。

这是以四六骈俪体文章作为前提的著作，在诗的领域，初唐时期盛行南朝风的艳丽宫体诗，代表诗人有虞世南和上官仪等。为了诞生以李白和杜甫为代表的盛唐诗，必须从这些前代的影响中脱离出来，开拓唐代诗歌特有的意境。这也是超越前代沉溺于形式美的倾向，提升为从内在把握对象世界，直接抒发人类情感的生动作风。

律令的精神

此外，初唐时期对前代继承与综合的文化史特征还见于律令制度。汉代的律和令还没有明确的区分，律是法的基础，令是作为补充的敕令。令从律中独立出来是在西晋时期，杜预（222—284）在《晋律》序文中说："律以正罪名，令以存事制，二者相须为用。"作为刑法的律和作为行政法的令，共同构成了法的体系。

不过，法令和现实之间存在各种各样的差异，有时为弥补差异会设立规定，那就是科、故事、式等等，进入隋代后整理成格和式。至此，律、令、格、式得以体系化。唐代继承这一体系，并在武德、贞观年间多次进行改定。一般认为，律和令的完成是在高宗永徽年间（650—655）（池田温[1]，《律令官制的形

1　池田温（1931— ）：日本东洋史学者，东京大学名誉教授，专攻中国古代史、中世史，在唐令研究上有杰出贡献，曾凭借《中国古代籍帐研究》获得日本学士院奖。

成》,《岩波讲座世界历史5》,岩波书店）。格的编纂其后也在不断进行，开元年间出现了优先于律和令的倾向，这也暗示着律令体制发生了变质。

魏晋时代到唐朝前期是律令制的完成时期。其间，前代王朝的制度成为后世王朝编纂律令的基础，不断累积的结果就是唐制。比如唐律的原型是北魏律，经过北齐和隋代的继承流传到了唐代，不过其中也受到以晋律为基础的江南各王朝制度的影响。

众所周知，唐代律令不仅是前代的集大成，也是新罗、日本等东亚各国法典的基础。法通常是指社会关系规范的普遍化，律令体系不仅给重新统一的中国社会提供了普遍的规范，也给中国周边建立统一国家的非汉族社会提供了规范。

那么，贯穿律令规范的基本精神是什么呢？这一问题不能轻率地给出结论，但可以从这一时期令的独立中找到线索。所谓令，是对皇帝到人民作为国家一员的行为规定。如第二章所说，魏晋以来社会各集团通过给成员生活设定规范而维持内部的秩序。这既是一种法的规定，同时也是诉诸内在的道德。令的独立和发展，某种意义上与集团规则的存在是相互关联的。对于当时的人们来说，法和道德恐怕没有截然的区别。带有这一性质的律令向周边世界普及，也就意味着对这些世界进行着道德上的规范。

从西方到东方

初唐文化既是对前代以来制度和文化的综合，同时也包含着胡汉文化的多样性。这一趋势从五胡时代就已开始，由于胡族是中原的主导者，即便在分裂的时代，西方文化的传播也依然比较顺畅。其中，在中国佛教信仰的发展上，西域到五胡各国这一途径起到了十分重要的作用，这一点从佛图澄（？—348）和鸠摩罗什（344—413）等西域僧人入华传教中就能够知晓。

音乐和其他艺术领域也有同样的倾向。隋朝建国不久的开皇二年（582），颜之推上奏称当今政府的雅乐都是胡风的音乐，提议以梁朝的乐制作为依据，复活中国自古以来的传统音乐。开皇九年平陈之时，牛弘也主张排除胡乐的影响，以陈朝音乐为基础返回到正统的乐制。如此看来，汉人王朝原有的音乐只保留在江南，华北则盛行胡族音乐。隋唐两代致力于恢复原本的乐制，但胡乐的影响是无法抹去的。隋唐的乐制除了中原音乐外，还将四方各民族的音乐纳入其中，制定了称为七部乐或十部乐的完整体系。

胡乐中最有影响力的是高昌（吐鲁番）乐、龟兹（库车）乐、疏勒（喀什噶尔）乐、康国（撒马尔罕）乐、安国（布哈拉）乐等西域音乐。它们都是伊朗系的音乐，很大程度上受到了魏晋南北朝前后称霸西方的萨珊波斯的影响。

不只是音乐，百戏、散乐等魔术、戏曲之类，琐罗亚斯德教（祆教）、摩尼教等宗教，波罗等竞技，以及各种风俗习惯，无不反映出伊朗文化的流入和隋唐文化的国际色彩，它们中的一部分早在五胡、北朝时期就已经传入了。

隋唐中国的重新统一，进一步加深了中国与印度文化圈、伊朗文化圈等西方世界的接触。众所周知，这些文化圈是世界最古老文明的发源地，在悠久的时代中得以洗练，在多个领域创造出普世的文化。7世纪，阿拉伯势力取代了萨珊朝波斯，伊朗文化圈和东方文化圈统合为伊斯兰教文化，这一强烈的文化波动最终也影响到唐朝。

印度文化的厚重和伊朗—东方文化的活力，给中国文化带来了新的因素。不仅是中国，它们还以隋唐文化作为媒介，传播到了东方那些年轻的国家。

三　东亚世界的形成

天可汗

前文提到，隋炀帝的高句丽战争本质上是对突厥的战争。但他的计划归于失败，突厥的势力越发强盛，国内叛乱势力常常向突厥称臣来求取援助。

太原起兵不久的李渊也不例外，他向始毕可汗称臣，由此解除了后顾之忧。

得势的突厥屡屡入侵中原内地进行掠夺，建立政权后的唐朝也为此苦恼不堪，甚至一度打算将都城由长安迁往别处。太宗即位时，颉利可汗（始毕之弟）率大军入侵渭水北岸，直接威胁长安政府。太宗果断采取行动，这才解除了危机。

唐与突厥的决战不可避免，太宗为此勤于军备，事态也朝着有利于唐朝的方向发展，那就是突厥发生了内乱。由于颉利可汗信任汉人和西域人，行使独裁权力，遭到了各部族的不满，加上颉利习惯于奢侈的生活，不顾连年灾荒而加强掠夺，反对的呼声越来越高。于是，薛延陀、回纥（回鹘）等铁勒诸部（突厥系）反叛，颉利派侄子突利可汗前往镇压，结果遭到大败，两可汗间产生不和。贞观二年（628），突利请求归顺唐王朝。

唐王朝趁机派出李靖、李世勣等六名大将，率领十万余士兵进行远征。贞观四年（630），唐军大破突厥，俘获了颉利，突厥势力崩溃。此前臣服于突厥的各民族纷纷向唐朝请降，当年首领们给太宗献上了"天可汗"的称号。也就是说，唐朝皇帝被认可为北方各民族的最高君长，此后各民族都与唐朝建立起直接的联系。

唐朝世界帝国

突厥崩溃后，塞北的薛延陀强盛起来。贞观中期，太宗多次派遣军队讨伐，到贞观二十年（646）完全平定，归属薛延陀的回纥等铁勒诸部也前来归降。唐朝为每个部族设立都督府，下面设置州郡，作为长官的都督和刺史都由部族的首长担任。同时，唐朝在旧单于台（内蒙古）设置燕然都护府监视全境，由中央派遣都护。

都护府名称	管辖区域	治所
安东	辽东	从平壤向辽东、抚顺方向移动
安北（初名燕然）	外蒙古	蒙古鄂尔浑河一带的都斤山，后迁往黄河北岸阴山山麓的受降城
单于（初名云中）	内蒙古	内蒙古和林格尔的云中城
北庭	天山北路	新疆乌鲁木齐附近的庭州
安西	天山南路	吐鲁番一带，后至库车
安南	南海诸国	河内

这就是所谓唐朝的羁縻政策。不只铁勒诸部，唐朝为了统治四方的各部族，都采用了这个方法。所谓羁縻，就是用绳索控制牛马，唐王朝为控制各部族，将他们的首领任命为汉族式的地方长官。正如唐太宗既是大唐皇帝，同时也是天可汗，这

些首长既是部族的首领，同时也是唐朝的官吏。

这样的双重性正说明唐帝国的建立包含着胡汉两个世界。换言之，表面上以都督府和州的普遍行政组织进行统一，但内在并存着两个不同的世界。这一点与汉帝国相比大为不同，汉武帝开拓的朝鲜四郡和河西四郡也是内地郡县制的扩展，但那里的汉人守令都由中央派遣，这样的郡县制只是用外部力量统治当地的部族。在当地，胡汉两个世界是相互排斥的关系。

这一方式的涉及范围比汉朝广阔得多。不仅将新疆地区的所谓西域诸国收入囊中，向北则达到了戈壁的彼岸。这一广袤的扩张将东方各国包含其中，那就是东亚世界的形成。

东亚世界

中国东北部的契丹、奚、靺鞨等族也处于羁縻政策之下，但对于高句丽，唐朝也颇费了一番功夫。众所周知，太宗晚年的高句丽远征以失败告终，辽东经略延续到了下一代的高宗。唐军渡海与新罗联合击破百济，日本出兵援助百济，却在白江口遭遇大败。

总章元年（668），唐朝终于占领了平壤。辽东的故地被分为九都督府、四十二州，在平壤设置安东都护府监督，这就是羁縻政策的实施。但这样的状态没有延续太久，因为新罗驱逐唐的驻留军队，统一了朝鲜半岛。676年，唐朝不得不将安东都护府撤退到了辽东（辽宁）。

不过，新罗并不是完全从唐朝独立。即便在朝鲜半岛基本统一的所谓统一新罗时代，新罗王依然从唐朝接受官爵，爵位通常是乐浪郡王。换言之，这是采取了接受唐朝皇帝封建的形式。这样的国家关系称为册封体制，也就是对唐朝负有朝贡义务的臣属关系。睿宗时期（李旦，684—690，710—712年在位）受封为渤海郡王的渤海也是一样的情况。

日本最初是南朝的册封国，隋唐时期脱离了册封关系，但朝贡关系长期保持。与此相反，越南则仍处于羁縻体制之下。东亚各国与唐王朝的关系多种多样，但总体上民族的独立性高涨，所谓唐朝世界帝国就是基于这一历史现实的东亚各民族的国际世界。

四　唐朝世界帝国的破裂

律令制的崩溃

为了维持羁縻体制，军事力量是必不可少的。每个都护府下都配有国境军（镇、戍）的指挥部，这些兵力主要由府兵组成。

上一章提到，府兵都是荣耀的国家军队战士。隋唐的重新统一就是通过他们的奋战实现的，维持周边不断扩大的版图也是他们承担的任务。府兵除了维护都城的警备和地方的治安外，在一生中还要承担一次防卫边境的任务。朔风下的异乡执勤本就充满艰辛，边境的战斗还一年比一年激烈。从高宗末年突厥复兴独立开始，契丹大叛乱，吐蕃入侵，周边民族的动向再次变得活跃起来。府兵的数量因战死和逃亡不断减少，唐朝急需一支庞大的国境常备军，于是采取了募兵制度。府兵的镇戍制度遭到废弃，政府设立起了称为军和镇的新型募兵常驻机构，而掌管他们的就是节度使，因此节度使逐渐在职务上取代了都护。

府兵制遭到全面废弃是在玄宗（李隆基，712—756 年在位）的开元时期（713—741），但其前兆在高宗时就已经出现，这也预示着关陇集团的时代走向终结。在内政方面，武则天（武曌，690—705 年在位）发动革命，唐朝遭到了篡夺。这虽是外戚政治到达顶点的结果，但又不是单纯的外戚革命，其基础是律令制社会瓦解的现实。比如，货币经济的发展促进庶民阶层的抬头，武氏一族通过滥授官职（滥官）而获得支持。

贵族政治的终结

武周时代和紧接的韦氏（中宗的皇后）时代混乱不断，收拾这一局面并复兴唐朝的就是玄宗李隆基。他的治世被称为盛唐时代，特别是开元时期的三十年间，是比起贞观之治也不逊色的平和繁荣时代。主导这一时代的政治家也有堪比房（玄龄）杜（如晦）的名相姚崇（651—721）和宋璟（663—737）等人，他们多数是贵族出身的官僚。与贞观不同的是，政界的权力斗争不断激化。律令制的崩溃就产生了令外官，它们不同于律令中"职员令"所记载的一般官职，而是作为皇帝敕使的特别职务（使职）。从开元到天宝（742—756）年间，政府高官通过就任这些使职，掌握了征税、财务、军事等大权，仰仗玄宗的信任执国政之牛耳（参照砺波护《唐中期的政治与社会》，《岩波讲座世界历史5》）。

节度使也是使职之一。杨国忠身兼四十余使，安禄山兼任平卢（辽宁）、范阳（河北）、河东（山西）三大节度使，两人的对决就是安史之乱，这是律令制解体后政治的最终归宿。本是公共领域的国家，如今沦为争夺私权的场所，其根本原因就是整个社会的私权化。随着货币经济和大土地私有的发展，均田制遭到荒废，自耕农从乡村流出，政府的过度压榨又加速了这一状况。

从社会和国家权力私权化这一点而言，这仿佛是东汉末年

1　砺波护（1937— ）：日本东洋史学者，京都大学名誉教授，师从宫崎市定，专攻三国至隋唐的中国史，代表作有《冯道：乱世的宰相》《唐代政治社会史研究》等。

的重现。但是，超越东汉末年的私权化而建立起来的贵族制度，如今已经无法抵挡新的浪潮。天宝十四载（755）开始的安史之乱以后，唐王朝进入了武人时代。贵族政治灭亡的时刻，也是唐朝世界帝国瓦解的时刻。

终章　世界帝国与贵族社会

中国史的第二阶段

在中国历史的发展过程中，隋唐帝国的出现有着怎样的意义呢？为了回答序章中提出的问题，在此有必要做更多的探讨。如果用一句话概括目前为止的考察，那就是一度面临瓦解命运的中国世界得到了重建。

汉帝国的崩溃不仅仅是一个王朝的灭亡，它意味着历经千年的中国文明已经失去了发展的可能。汉末魏晋人们的苦恼，正说明文明世界需要质的转变。

正如遭受过挫折或败北的人心不可能重回昔日的纯真一样，2世纪以后的中国社会并不是过去世界的简单继续。人们必须怀疑曾经相信的东西，凝视眼前现象背后的奥秘。只有这样，才能在已经解体的世界废墟中生存下去。

这种超越的精神孕育了新的无私的伦理，创造了独立文化的各个领域。以这样的精神世界为核心、彼此相互依存的民众生活共同体，才是重新统合现实世界的活性化细胞。过去的世界基于血缘原理，新时代的细胞组织则以人格主义作为原理。人格主义，正是贵族制统治的本质。

就这一意义而言，贵族制是中国社会第二阶段的产物。从人格主义的原理来说，贵族阶级不应局限在特定的家门，它必须包含所有拥有贵族性人格（往往通过教养来衡量）的社会领袖。事实上，贵族制的普遍化就是科举制度。

国际性的贵族集团

如果贵族制是这样的存在，那么作为一种血缘主义的胡汉民族差异也可以得到超越。关陇集团的形成，正是意味着这一命题的实现。基于胡汉民族差异的汉朝世界帝国，以这样的形式遭到了扬弃。

不过，贵族制不仅仅包容了汉代以来活动在中国内地的胡族。在羁縻政策下被授予中国式官位的塞外部族首领，一方面立足血缘主义，一方面也构成了唐朝贵族集团的边缘。册封体制反映着唐朝与东亚各国的君臣关系，正因为唐朝政府的臣僚都是贵族，册封国的统治阶层也可以被视为贵族集团。进一步而言，与唐朝处于朝贡关系的日本，其统治层不也在同一个集团内吗？

这就关系到序章中提出的另一个问题：日本古代国家的形成对于中国史的发展具有怎样的意义？中国社会在进入历史第二阶段时形成了贵族制社会，但日本等周边国家的形成终究是位于贵族制社会的外延上。总而言之，中国内外都以贵族制这一共同的线索相互关联，这就是所谓的东亚世界。

一般认为，东亚世界是指拥有汉字、佛教、儒学、律令制度这些共同领域的文化圈，但这些内容概括起来就是贵族文化，享用者都是中国内外的贵族阶级。

不过，中国的贵族阶级是在中国史第二阶段中形成的统治阶级，他们的文化有着浓厚的中世色彩。与此相对，周边各国的统治层都是首次达成国家统一的统治阶级，其间的阶段差异不容否认。因此，比如当中国的中世贵族文化对日本的古代文化产生影响时，就会附带一部分中世的性质。这就是日本中世文化的起点，但要将之消化并提炼为独具特色的中世文化，则必须亲自体验古代世界的超克[1]。

1　超克：日本在近代发明的词语，即超越、克服之意。

学术文库版后记

本书是 1977 年作为讲谈社现代新书《新书东洋史》第 2 卷刊行的《世界帝国的形成：东汉到隋唐》的改定本。由于该书本是系列中的一卷，如今单独收入学术文库，因此听取编辑部的意见，将书名改成了《隋唐世界帝国的形成》。内容上对部分字句进行了修改或删除，但总体与原书相同。

　　原书是面向一般读者创作的，以此前问世的《隋唐帝国形成史论》（筑摩书房，1971 年出版，1998 年增补）和《中国中世社会共同体》（国书刊行会，1976 年）两书作为基础。两书都收录了笔者在三十到五十岁间发表的论考，从这一意义而言，《隋唐世界帝国的形成》既是我青壮年时期研究的集结，也是面向一般读者群的作品。

　　笔者于 1948 年大学毕业后，开始从事唐代历史的研究，发表过若干论文。但我逐渐对自己的研究心生不满，为了重新设定研究方面，我把对象追溯到作为唐代前史的魏晋南北朝时代。当时，笔者给自己的课题不是基于一定的理论来搜集资料，而是通过专心阅读史书，叙述历史发展的自明之路。随着依次阅读正史，看似杂乱无章的记事意外地充满魅力。贵族、寒门、一般民众、贱民等各种社会阶层，以及汉族之外多种民族出身者，这些复杂的因素交织着各个事件，如实地反映出分裂后走向统一的步伐。通过逐一分析，对迈向隋唐帝国的过程进行考察的就是《隋唐帝国形成史论》。该书成功与否只能交给学界评价，稍感遗憾的是该书作为"形成史论"，对隋唐史本身没有过多的深入。我应该再写一本"隋唐帝国史论"作为续篇，然而至今未能如愿。

此事也与《隋唐世界帝国的形成》的结构有关。我在执笔该书的魏晋南北朝部分时，运笔十分顺畅，由于是平时思考的问题，自然下笔有神。但正因如此，该时期的叙述占据过多的篇幅，必然挤压了唐代的部分。如您所见，第六章的叙述比起第五章以前有所压缩。收录学术文库时，我本想进行一些添加，但因种种原因未能实现。因此，本书在阅读的时候，也请大家把重点放在书名的"形成"上吧。

本书涉及的时代是东亚世界的形成期，这一点在"序章"

等各处都有提及，但由于叙述限定在中国史的范围内，只能做些零散的记述。为了多少补充这一不足，下面大致说一说我的构想。

公元 4 世纪后，北方游牧系的民族相继进入中原内地建国，此前以汉族为中心的历史为之一变，这一波动远及朝鲜半岛和日本列岛。这两个地区以部落国家联合的形式得以缓慢成长，以汉族王朝的后退作为契机，统一国家的倾向急遽加强。这必然在国家（朝鲜三国与倭国）之间产生"国际关系"，各国在纷争中与中国内地的胡汉政权结成朝贡册封关系，由此诞生了以中国王朝为中心的东亚世界。

因此，中国史进入第二阶段与东亚世界的形成密不可分。进而言之，在完成重新统一的唐代，朝鲜和日本也出现了强大的政治统一趋势，于是有了统一新罗的形成和大和政权的确立。至此，东亚世界由中、韩、日三国构成，这一构成除去元朝的高丽征服和近代日韩合并等非正常事态外，一直延续到了今天。

中国历史的第三阶段就是所谓唐宋变革的时期。在这一动荡的时代里，朝鲜半岛的统一新罗被高丽代替，日本的平安政权逐渐走向衰亡。这一时期的东亚三国出现了共同点，那就是贵族阶级的没落，以及武人和非门阀官僚的登场。

由此看来，朝鲜和日本在与中国的连动中创造了各自的历史。甚至会让人有这样的感觉，这三个地区的根底是否存在着某种共通的历史基础。

一直以来，册封体制被视作东亚世界的构造原理，其结果就是强调汉字文化圈的存在。笔者毫不否认它们的重要性，在正文中也采用了这些观点。但是，为了考察东亚世界的一体性，我们必须进一步探明三国在各自历史发展中的相互关联。归根结底，就是既要以各国历史为基础，又要超越一国史的框架，从而达到叙述东亚世界史的目标。现在，中、日、韩三国正在以各种形式尝试着共同历史认识的构建工作，我深切希望这不只是各自立场的调整，也不单停留于表层的关系史，而是真正达到作为世界史的东亚历史。

2008 年 7 月 20 日

作者

年表

（王朝并立时，原则上采用与事件相关的王朝年号）

公 元	年 号	王朝	事 项	公 元	亚洲其他地区
前 202 年		西汉	汉高祖即位，西汉建立。		
前 136 年	建元五年		汉武帝在董仲舒建议下设立五经博士。	前 108 年	汉武帝在朝鲜设置乐浪等四郡。
9 年	初始元年	新	王莽即位，定国号为新。		
25 年	建武元年	东汉	光武帝即位，东汉建立。		
48 年	建武二十四年		匈奴南北分裂，南匈奴向汉朝投降。	57 年	倭奴国入贡东汉，光武帝赐予印绶。
73 年	永平十六年		班超赴任西域。		
92 年	永元四年		和帝利用宦官诛杀外戚窦宪。		
97 年	永元九年		班超派遣甘英前往大秦国。	96—180 年	罗马帝国全盛时期(五贤帝)。
107 年	永初元年		羌族叛乱。	107 年	倭国王帅升等入贡东汉，献生口一百六十人。
111 年	永初五年		羌族入侵河东、河内。		
159 年	延熹二年		桓帝诛杀外戚梁冀，宦官势力增强。	147 年	自此倭国大乱。
166 年	延熹九年		第一次党锢事件。		
168 年	建宁元年		窦武、陈蕃谋划镇压宦官被杀。		
169 年	建宁二年		第二次党锢事件。		
184 年	中平元年		黄巾之乱，大赦党人。		
189 年	中平六年		袁绍诛杀宦官。		
190 年	初平元年		董卓强行迁都长安。		
192 年	初平三年		五斗米道首领张鲁在四川、汉中建国。		
196 年	建安元年		曹操设置屯田。		
208 年	建安十三年		赤壁之战，天下三分局势奠定。		
220 年	延康元年		曹操去世。制定九品官人法。		

公元	年号	王朝	事 项	公元	亚洲其他地区
	黄初元年	三国时代	曹丕受禅（文帝）。东汉灭亡，曹魏建立。		
221年	章武元年		刘备在成都即位（昭烈帝）。		
222年	黄武元年		孙权建立吴国。	226年	萨珊朝波斯兴起。
234年	建兴十二年		诸葛亮死于五丈原。		
240年	正始元年		魏正始年间（240—249），文学、思想活动鼎盛。	238年	魏国司马懿招降辽东公孙渊。
249年	嘉平元年		司马懿掌握魏国实权，诛杀何晏等。王弼去世。在此前后设置州大中正。	239年	卑弥呼遣使带方郡，入贡曹魏。明帝授予其亲魏倭王的金印紫绶。
262年	景元三年		嵇康被处死。	244年	魏国毌丘俭攻占高句丽国都丸都城，高句丽一度衰落。
263年	炎兴元年		蜀国灭亡。		
265年	泰始元年	西晋	司马炎受禅（武帝），西晋建立。	266年	倭女王壹与入贡西晋。
280年	太康元年		吴国灭亡，晋统一天下。颁布占田、课田法。		
290年	永熙元年		武帝死，外戚杨骏掌握政权。		
291年	元康元年		贾后杀杨骏，贾氏专权开始。		
299年	元康九年		江统上呈《徙戎论》。		
300年	永康元年		赵王司马伦杀害贾氏一派，八王之乱开始（300—306）。		
304年	元熙元年		南匈奴刘渊自立称汉王。		
311年	永嘉五年		汉国刘聪攻占洛阳（永嘉之乱）。		
316年	建兴四年		刘曜攻占长安，俘虏愍帝，西晋灭亡。		
317年	建武元年	五胡十六国 东晋	琅邪王司马睿在建康即位（元帝），东晋建立。		
319年	太兴二年		祖逖与石勒交战。		
322年	永昌元年		王敦叛乱。		
328年	太和元年		石勒击破刘曜，次年统一华北。	330年	罗马帝国迁都君士坦丁堡。
330年	建平元年		石勒建立后赵国。		
337年	（东晋）咸康三年		慕容皝建立前燕国。		
338年	咸康四年		鲜卑拓跋部翼犍称代王。		
351年	皇始元年		苻健建立前秦国。	342年	慕容皝攻占高句丽的丸都城。
353年	永和九年		王羲之等人在兰亭集会。		
356年	永和十二年		桓温短时间收复洛阳。		

公 元	年 号	王朝	事 项	公 元	亚洲其他地区
357 年	永兴元年		苻坚即位前秦天王。		
370 年	建元六年		苻坚吞并前燕，基本统一华北。	371 年	百济大胜高句丽。
383 年	建元十九年		苻坚在淝水大败于东晋。		
384 年	燕元元年		慕容垂建立后燕国。		
	白雀元年		姚苌建立后秦国。		
398 年	天兴元年	五胡十六国	北魏拓跋珪迁都平城后即位（道武帝）。	395 年	罗马帝国东西分裂。高句丽好太王破百济。
399 年	隆安三年				
400 年	隆安四年		刘牢之、刘裕等与孙恩作战。		
403 年	元兴二年		桓玄篡夺东晋，建立楚王朝。		
404 年	元兴三年	东晋	刘裕击败桓玄。		
416 年	义熙十二年		刘裕短时间收复洛阳，次年夺回长安。		
420 年	永初元年		刘裕受禅（武帝），东晋灭亡，宋朝建立。	421 年	倭王赞向宋朝贡。
424 年	元嘉元年		宋文帝即位，元嘉之治开始（424—453）。		
431 年	神鹰四年		北魏太武帝下诏招聘山东名族。	438 年	倭王珍向宋朝贡。
433 年	元嘉十年		谢灵运被处死。	443 年	倭王济向宋朝贡。
439 年	太延五年	宋	北魏太武统一华北。	462 年	倭王兴向宋朝贡。
450 年	太平真君十一年		北魏国史事件，崔浩被杀。	476 年	西罗马帝国灭亡。
	元嘉二十七年		宋文帝北伐失败，太武帝进逼长江北岸。	478 年	倭王武向宋朝贡。
476 年	承明元年		北魏冯太后成为孝文帝的摄政。		
479 年	建元元年		萧道成受禅（高帝），宋朝灭亡，南齐建立。		
482 年	建元四年		南齐武帝即位，"永明之治"开始（482—493）。		
485 年	太和九年	齐 北魏	北魏颁布均田制。		
486 年	太和十年		北魏推行三长制。		
493 年	太和十七年		北魏孝文帝迁都洛阳。		
496 年	太和二十年		北魏发布姓族详定诏。		
502 年	天监元年		萧衍受禅（武帝），南齐灭亡，梁朝建立。		
508 年	天监七年	梁	梁朝天监改革。	513 年	百济派遣五经博士前往日本。
519 年	神龟二年		北魏羽林军叛乱。		
523 年	正光四年		北魏发生六镇之乱，发布镇民解放诏。		

公元	年号	王朝	事项	公元	亚洲其他地区
527年	大通元年		梁武帝舍身同泰寺。	527年	筑紫磐井之乱。
528年	武泰元年	北魏	北魏灵太后杀害孝明帝。尔朱荣进入洛阳，屠杀太后和朝臣（河阴之变）。		
530年	永安三年		孝庄帝诛杀尔朱荣，尔朱兆杀孝庄帝。		
532年	太昌元年		高欢消灭尔朱兆，拥立孝武帝。		
534年	永熙三年		孝武帝投奔宇文泰，北魏东西分裂。	538年	佛教从百济传入日本。
543年	大统九年	东魏 梁	西魏宇文泰败于邙山之战，集结乡兵。		
547年	太清元年		侯景归顺梁朝，次年发动叛乱。		
549年	太清三年		侯景攻占建康。		
	大统十五年		西魏复活胡姓。		
550年	天保元年	西魏	高洋受禅（文宣帝），东魏灭亡，北齐建立。		
	大统十六年		西魏在此前后编制二十四军，实行府兵制。		
552年	承圣元年	北齐	王僧辩、陈霸先先讨伐侯景，湘东王萧绎在江陵即位（元帝）。		
554年	承圣三年		西魏攻占江陵，梁朝事实上灭亡。		
556年	恭帝三年		西魏实行六官之制。		
557年	孝闵帝元年	北周	宇文觉受禅，西魏灭亡，北周建立。		
	永定元年		陈霸先受禅(武帝)，陈朝建立。		
577年	建德六年	北周 陈	北周灭亡北齐，统一华北。		
580年	大象二年		杨坚掌握北周实权。		
581年	开皇元年		杨坚废北周建立隋朝（文帝）。		
587年	开皇七年		隋朝在此前后创设科举。	587年	苏我马子杀物部守屋。
589年	开皇九年	隋	隋朝平定陈朝统一天下。	592年	推古天皇即位，次年圣德天子摄政。
604年	仁寿四年		炀帝即位，次年开始大运河工程（604—610）。	603年	制定冠位十二阶，次年制定宪法十七条。
612年	大业八年		炀帝远征高句丽，从该年到614年共三次，各地民众反抗。	607年	派遣小野妹子前往隋朝。
613年	大业九年		杨玄感在河南起兵。		
617年	义宁元年		李渊在太原起兵，李密等群雄割据各地。		

公元	年号	王朝	事项	公元	亚洲其他地区
618 年	武德元年	唐	炀帝在江都遇害，隋朝灭亡。李渊在长安即位（高祖），唐朝建立。		
621 年	武德四年		窦建德、王世充败于唐朝，群雄基本平定。	622 年	伊斯兰历元年
626 年	武德九年		秦王李世民杀害兄长李建成、弟弟李元吉（玄武门之变）。高祖退位，李世民即位（太宗）。		
630 年	贞观四年		唐军击破东突厥颉利可汗。铁勒各部族长献给太宗"天可汗"称号。贞观之治开始（630—649）	645 年	大化改新。
638 年	贞观十二年		《贞观氏族志》改定完成。	660 年	唐与新罗联军消灭百济。
645 年	贞观十九年		太宗远征高句丽，该年到 648 年持续远征高句丽。	661 年	萨拉森帝国倭马亚王朝兴起。
647 年	贞观二十一年		设置燕然都护府。	663 年	白江口之战。
653 年	永徽四年		《五经正义》完成。	668 年	唐—新罗灭高句丽。
668 年	总章元年		高句丽灭亡，设置安东都护府。	672 年	壬申之乱。
690 年	天授元年		武则天废除唐朝，建立周朝（武周革命）。	676 年	新罗统一半岛。
705 年	神龙元年		政变后唐朝复兴（中宗）。	699 年	大祚荣建立震国，后改称渤海。
710 年	景云元年		中宗被韦后所杀，平王李隆基杀韦后。在此前后设置边境节度使。	701 年	日本完成大宝律令。
712 年	先天元年		玄宗即位，开元之治开始（712—741）。	710 年	迁都平城京。
725 年	开元十三年		玄宗实行封禅。在此前后，府兵制全面崩溃。	723 年	制定"三世一身法"。
755 年	天宝十四年		安史之乱爆发，次年玄宗逃入四川。	743 年	颁布"垦田永年私财法"。

出版后记

谷川道雄先生是日本著名的汉学家，在 20 世纪 70 年代，他曾提出了"豪族共同体"理论，一石激起千层浪，极大地影响了日本的六朝隋唐史研究，直到今天也是各种讨论的对话基础。谷川道雄本人也成为京都学派自内藤湖南、宫崎市定以来第三代的代表学者，是当代中古史研究最重要的旗帜性人物之一。

谷川道雄在大学时代立志于唐代史研究，当时日本刚经历了战败，战后的中国史学界正亟待重新认识中国历史，在关于中国历史时代分期的激烈争论中，对隋唐属于古代还是中世存在截然不同的看法，谷川道雄本来也受到这些思潮的影响，但他逐渐对学术界和自己的研究产生了不满，经历了苦恼的反思后，他认为应首先思考"隋唐帝国到底是什么"的问题，于是将研究对象上溯至六朝时期，希望追根求源地探索唐朝的"形成"过程。他的研究并不套用欧洲历史发展模式，特意从生产方式出发考察经济关系，而是将关注点放在处于社会底层的民众身上。强烈关注民众的动向、关心民众在政治发展过程中发挥着什么样的作用，这可以说是谷川道雄史学风格最为突出的特点。

作为一本写给一般读者的通俗小书，本书的视角虽然比较天然地集中于政治史，但并非单纯探讨王朝的更替，而是试图将历史的走向作为从皇帝、官僚、贵族、军团，到胡汉下层民众乃至外部东亚世界等广阔群体的复合结果，作者的目光也常常注视着在史书中常被作为一个整体、一笔带过的民众。在他看来，"没有民众的积极作用，隋唐帝国便不可能出现"。

图书在版编目（CIP）数据

隋唐世界帝国的形成 /（日）谷川道雄著；马云超
译. -- 北京：九州出版社，2020.11（2023.11重印）

ISBN 978-7-5108-9360-5

Ⅰ.①隋… Ⅱ.①谷… ②马… Ⅲ.①中国历史—隋
唐时代—通俗读物 Ⅳ.①K240.9

中国版本图书馆 CIP 数据核字 (2020) 第 140663 号

隋唐世界帝国的形成

作　　者　[日]谷川道雄 著　马云超 译
出版发行　九州出版社
地　　址　北京市西城区阜外大街甲35号(100037)
发行电话　（010）68992190/3/5/6
网　　址　www.jiuzhoupress.com
电子邮箱　jiuzhou@jiuzhoupress.com
印　　刷　北京盛通印刷股份有限公司
开　　本　889mm×1194mm　32开
印　　张　6.5
字　　数　112千字
版　　次　2020年11月第1版
印　　次　2023年11月第7次印刷
书　　号　ISBN 978-7-5108-9360-5
定　　价　58.00元

.